LA SALVACIÓN, LA BIBLIA Y EL CATOLICISMO ROMANO

LA SALVACIÓN, LA BIBLIA Y EL CATOLICISMO ROMANO

William Webster

EL ESTANDARTE DE LA VERDAD

EL ESTANDARTE DE LA VERDAD
3 Murrayfield Road, Edimburgo EH12 6EL, Reino Unido
P O Box 621, Carlisle, PA 17013, EE.UU.

Primera edición en inglés por The Banner of Truth Trust: 1990

ISBN: 978-1-84871-627-8

Traducción: Andrew y Angie James y Paula Barreda de Vedia
Revisión de estilo: Demetrio Cánovas
Diseño de la cubierta: Daniel Abad

Impreso en EE.UU. por
Versa Press, Inc.
East Peoria, IL.

Printed in USA

Índice

Introducción

Algún tiempo atrás sostuve una seria conversación con un católico romano muy devoto. Estábamos discutiendo enseñanzas específicas de la Iglesia católica romana. Cuando mencioné una doctrina en particular, esta persona declaró enfáticamente: «Pero la Iglesia ya no enseña eso».

Eso me sorprendió sobremanera. Yo fui criado en la Iglesia católica romana. Asistí a la escuela parroquial hasta mis trece años y a un monasterio benedictino durante mis años de estudios de secundaria. Fui bien instruido para enseñar las doctrinas básicas del catolicismo romano. Pero al verme confrontado con aquella afirmación, tuve que preguntarme si la Iglesia realmente había cambiado su posición con relación al tema específico sobre el cual estábamos discutiendo. Estaba enterado de que se habían iniciado muchos cambios dentro de la Iglesia como resultado del Vaticano II. ¿Tal vez habían cambiado sus principales posiciones doctrinales?

Algún tiempo después leí un libro escrito por un autor católico romano en el cual este declaraba que la Iglesia católica romana nunca enseñó que la misa fuese la repetición del sacrificio de Jesucristo. Me quedé maravillado, porque sabía que esa declaración simplemente no era cierta, como lo aclarará una rápida lectura de un catecismo católico romano.

Estos dos incidentes demostraron por qué hoy en día existe una gran confusión en relación con las enseñanzas oficiales de la Iglesia católica romana. Pareciera que, como regla general, pocos católicos romanos saben en lo que creen o lo que oficialmente enseña su Iglesia. Debería añadir que, en mi propia experiencia, hay una falta similar de conocimiento sobre las enseñanzas del catolicismo romano entre los protestantes.

Por esa razón he escrito este libro, teniendo dos objetivos específicos en mente: primeramente buscar y documentar las enseñanzas oficiales y autoritativas de la Iglesia católica romana sobre la salvación, y de esta forma ayudar a solucionar la confusión en las creencias que han prevalecido entre los protestantes y los católicos romanos.

Con el propósito de documentar estas enseñanzas oficiales, he utilizado cuatro fuentes autoritativas: *Los cánones y decretos del Concilio de Trento*; *Los documentos del Vaticano II; El código canónico* y *The Question and Answer Catholic Catechism* (El catecismo católico de preguntas y respuestas). Estos documentos abarcan el lapso de tiempo entre 1546 y 1981. Muestran con mucha claridad que la Iglesia católica no ha cambiado sus enseñanzas con relación a la salvación o sus principales doctrinas relativas a la misa, el sacerdocio, la confesión y la penitencia, la eucaristía o el bautismo. Estos documentos subrayan la coherencia de la posición de la Iglesia a través de los siglos en relación con estas principales doctrinas. He provisto detalles de estas fuentes en el Apéndice A. Cada una de las fuentes tiene la autorización del Vaticano. Con el propósito de dar una minuciosa presentación de las enseñanzas de la Iglesia católica sobre estas doctrinas, he incluido varios apéndices al final de libro que proporcionan citas de estos documentos acerca de los temas doctrinales específicos objeto de análisis. Esto ayudará a mostrar que las citas no han sido extraídas fuera de su contexto.

El segundo objetivo al escribir este libro es comparar las enseñanzas de la Iglesia católica romana, en una forma sistemática y lógica, con las enseñanzas de la Biblia, la Palabra de Dios, en relación con los temas específicos de la misa, el sacerdocio, la confesión y la penitencia, la eucaristía, el bautismo, y la salvación en general. A través de esta comparación, espero poder demostrar, de forma positiva, las enseñanzas de la Biblia con relación a la naturaleza de la salvación: qué es, cómo se la logró, cómo uno se la puede apropiar, y qué es lo que produce.

PARTE I

EL CATOLICISMO ROMANO Y EL EVANGELIO

1

La tradición y la Palabra de Dios

DECLARACIONES AUTORITATIVAS DE LAS ENSEÑANZAS CATÓLICAS ROMANAS SOBRE LA TRADICIÓN Y LA PALABRA DE DIOS[1]

Documentos del Vaticano II

Existe una conexión y comunicación muy estrecha entre la sagrada tradición y las sagradas Escrituras. Ambas manan de la misma vertiente divina, de cierta forma se fusionan en una unidad que persigue el mismo fin. Las sagradas Escrituras son la Palabra de Dios puesto que está escrita bajo la inspiración del Espíritu divino. A los sucesores de los apóstoles, la sagrada tradición les transmite en toda su pureza la Palabra de Dios, que fue encomendada a los apóstoles por Cristo el Señor y el Espíritu Santo [...]. Consecuentemente, no es solo de las sagradas Escrituras de donde la Iglesia saca la certidumbre sobre todo lo que ha sido revelado. Es por esta razón que ambas, la sagrada tradición y las sagradas Escrituras, deben ser aceptadas con el mismo sentimiento de devoción y reverencia, ya que provienen de un mismo depósito sagrado de la Palabra de Dios, que está encomendado a la Iglesia (p. 117).

The Question and Answer Catholic Catechism (El catecismo católico de preguntas y respuestas)

59. ¿Dónde encontramos reveladas las verdades de Dios?

Encontramos las verdades reveladas de Dios en las Sagradas Escrituras y la sagrada tradición.

60. ¿Cómo se comparan las sagradas Escrituras y la sagrada tradición?

Las sagradas Escrituras y la sagrada tradición son la Palabra inspirada por Dios, y las dos son formas de la revelación divina. Las Sagradas Escrituras son inspiración divina escrita, mientras que la sagrada tradición es la palabra no escrita de personas inspiradas.

89. ¿Por qué la sagrada tradición tiene igual autoridad que la Biblia?

La Biblia y la sagrada tradición tienen la misma autoridad porque ambas son igualmente Palabra de Dios; ambas provienen de la visión inspirada de los antiguos profetas y especialmente de la infinita sabiduría de Dios encarnada, la cual les dio a los apóstoles para que a través de ellos toda la humanidad sea instruida en aquello que él vino a enseñar cuando descendió al mundo.

LA TRADICIÓN Y LA PALABRA DE DIOS: RESUMEN DE LAS ENSEÑANZAS DEL NUEVO TESTAMENTO

El primer tema que debe abordarse en cualquier análisis que tenga que ver con las verdades espirituales es el relativo a la autoridad. El decir que algo es verdadero o falso implica una norma general en virtud de la cual podemos emitir dicho juicio. ¿Pero existirá una norma general, en virtud de la cual podamos juzgar si un sistema es verdadero o falso? La respuesta es inequívocamente «sí». Esa norma general es la Palabra de Dios, la Biblia. Jesucristo mismo dijo de la Biblia: «Tu palabra es verdad» (Juan 17:17). Al resolver aspectos de controversia espiritual el Señor Jesús siempre apeló a la Palabra de Dios como la norma autoritativa para juzgar tanto la veracidad como la falsedad.

El Evangelio de Marcos recoge un incidente en el cual ciertos saduceos vienen a Jesús para hacerle preguntas. Los saduceos eran los religiosos liberales de los días de Jesús y rechazaban muchas de las enseñanzas de la secta con tendencia más ortodoxa, es decir, la de los fariseos. No creían en los ángeles ni en la resurrección de los muertos. Algunos de estos hombres vinieron a Jesús para hacerle preguntas capciosas sobre la vida después de la muerte. Jesús echó por tierra sus preguntas capciosas y dijo lo siguiente:

> ¿No erráis por esto, porque ignoráis las Escrituras, y el poder de Dios? [...]. Pero respecto a que los muertos resucitan, ¿no habéis leído en el libro de Moisés cómo le habló Dios en la zarza, diciendo: Yo soy el Dios de Abraham, el Dios de Isaac y el Dios de Jacob? Dios no es Dios de muertos, sino Dios de vivos; así que vosotros mucho erráis (Marcos 12: 24-27)[2]

Dos veces en este pasaje Cristo les dice a estos hombres que están muy equivocados en cuanto a sus opiniones. La razón para esto es que no entendían las Escrituras. Apeló a las Escrituras para corregir los falsos conceptos que tenían estos hombres. Señaló la Palabra de Dios como la norma autoritativa en virtud de la cual se debe juzgar lo verdadero y lo falso. Estos hombres estaban equivocados porque las ideas y doctrinas que tenían y enseñaban iban en contra de la Palabra de Dios.

Podemos observar aquí dos visiones opuestas de la verdad. Una dice que no hay resurrección de los muertos, la otra dice que sí la hay. ¿Cómo se determina cuál de ellas es cierta? Acudiendo a la Palabra de Dios. El Señor Jesucristo es el Hijo de Dios. Es Dios en carne humana y, por ende, cualquier cosa que él enseñe es absolutamente cierta. Según él, la Palabra de Dios es la norma final y autoritativa en virtud de la cual se debe juzgar la veracidad de todas las cosas.

Este principio obviamente está en relación directa con todo el tema de la tradición. La Iglesia católica romana enseña que la tradición, al igual que la Biblia, constituye la Palabra de Dios revelada. Enseña que la enseñanza de los Padres de la Iglesia, los Concilios de la Iglesia y las Tradiciones de la Iglesia son todos «un sagrado depósito de la Palabra de Dios».

John Hardon, S. J. hace las siguientes declaraciones en su *The Question and Answer Catholic Catechism* (Catecismo católico de preguntas y respuestas): «La sagrada tradición es la Palabra de Dios no escrita que los profetas y los apóstoles recibieron a través de la inspiración del Espíritu Santo y, bajo su guía, la Iglesia la ha transmitido al mundo cristiano».

Jesucristo tiene algunas cosas interesantes que decir acerca de la tradición:

> Entonces se acercaron a Jesús ciertos escribas y fariseos de Jerusalén, diciendo: ¿Por qué tus discípulos quebrantan la tradición de los ancianos? Porque no se lavan las manos cuando comen pan. Respondiendo él, les dijo: ¿Por qué también vosotros quebrantáis el mandamiento de Dios por vuestra tradición? Porque Dios mandó diciendo: Honra a tu padre y a tu madre; y: El que maldiga al padre o a la madre, muera irremisiblemente. Pero vosotros decís: Cualquiera que diga a su padre o a su madre: Es mi ofrenda a Dios todo aquello con que pudiera ayudarte, ya no ha de honrar a su padre o a su madre. Así habéis invalidado el mandamiento de Dios por vuestra tradición. Hipócritas, bien profetizó de vosotros Isaías, cuando dijo: Este pueblo de labios me honra; Mas su corazón está lejos de mí. Pues en vano me honran, Enseñando como doctrinas, mandamientos de hombres.

En el pasaje paralelo de Marcos 7:5-13 se recoge la misma enseñanza de Jesús. Los fariseos preguntan por qué los discípulos no andan conforme a la tradición de los ancianos. En respuesta, Jesús acusa a los escribas y a los fariseos de violar la Palabra de Dios por su práctica de la tradición. Habían elevado las enseñanzas de los hombres por encima de la Escrituras. La valoración de Jesús pone el acento en los siguientes puntos:

1. Ustedes enseñan como doctrinas los preceptos de los hombres.

2. Ustedes se someten a la tradición de los hombres descuidando los mandamientos de Dios.
3. Ustedes ponen a un lado los mandamientos de Dios para mantener las tradiciones de los hombres.
4. Ustedes invalidan la Palabra de Dios por la tradición que además transmiten a otros.

Debemos hacer notar que Jesús no condena la tradición simplemente porque es tradición. No toda tradición es mala. Lo que él condena es poner al mismo nivel de importancia la tradición o las enseñanzas de los hombres y la Palabra de Dios. Él condenó a los escribas y fariseos por seguir las tradiciones que violaban e invalidaban la Palabra de Dios; y luego los reprendió por instruir a otros en esta errónea forma de pensar.

La tradición no es necesariamente mala, pero la tradición no es la Palabra de Dios, y para que esta sea aceptable para Dios, nunca debe contradecir o violar las claras enseñanzas de la Biblia. Toda tradición debe ser juzgada por la verdad de las Escrituras, incluso las tradiciones que tienen sus raíces en las Escrituras. Las tradiciones de los escribas y fariseos, denunciadas por Jesús, eran tradiciones que tenían sus raíces en interpretaciones erróneas de la Biblia.

Existe una obvia y definitiva prueba que podemos aplicar a cualquier enseñanza o tradición para determinar si es cierta. La prueba es la siguiente: si la tradición o la enseñanza de la interpretación de un pasaje de las Escrituras contradice una enseñanza clara de otra porción de las Escrituras, entonces dicha tradición o enseñanza es incorrecta, porque las Escrituras nunca se contradicen.

Solo la Palabra de Dios es la autoridad máxima, nunca la tradición. Se nos dice en 2 Timoteo 3:16-17 que «toda la Escritura es inspirada por Dios, y útil para enseñar, para redargüir, para corregir, para instruir en justicia, a fin de que el hombre de Dios sea perfecto, enteramente preparado para toda buena obra». Toda la Escritura es inspirada y, por tanto, es autoritativa. Por el hecho de que es inspirada —es decir, que es la Palabra de un Dios consecuente consigo mismo—, nunca se contradice.

Consecuentemente, podemos juzgar si una tradición o enseñanza está equivocada o no, al compararla con la Palabra de Dios. Si es consecuente con la Palabra de Dios, podemos aceptarla como verdadera. Sin embargo, si contradice claramente las enseñanzas de la Biblia o hace que esta última se contradiga, está equivocada y, por tanto, debe ser rechazada. De lo contrario caeríamos en el mismo error por el cual algunos fueron advertidos por Jesús.

Una pregunta que se genera alrededor de todo este tema es: ¿Puede la verdadera Iglesia de Dios caer en error? La respuesta a esta pregunta, a partir de la historia documentada en la Biblia acerca del pueblo de Dios es «sí». Es posible que el liderazgo de la Iglesia caiga en error y se aparte de la verdad. Por ejemplo, el apóstol Pedro fue confrontado públicamente por la hipocresía de la que era culpable (Gálatas 2:11-14).

En una oportunidad anterior, Pedro fue confrontado por el Señor Jesús, debido a que intentó impedir que él fuera a la cruz. «Pero él, volviéndose, dijo a Pedro: ¡Quítate de delante de mí, Satanás!; me eres tropiezo, porque no pones la mira en las cosas de Dios, sino en las de los hombres» (Mateo 16:23). El Señor Jesús en realidad se dirigió a Pedro como a Satanás, puesto que Satanás estaba usando a Pedro para desviarlo de la voluntad de Dios. Todo esto cambió cuando él le dijo enseguida a Pedro que se le darían las llaves de Reino de los cielos (Mateo 16:18-19).

El ejemplo de los judíos, el pueblo de Dios durante el tiempo del Señor Jesús, nos muestra claramente que es posible que el liderazgo sea engañado. Las palabras de Jesús sobre la tradición fueron dirigidas contra los escribas y los fariseos, los líderes religiosos del pueblo de Dios y de la verdadera Iglesia de aquellos días. Habían caído tan profundamente en el error y se volvieron tan ciegos que no pudieron reconocer a Jesús como el Mesías. Cayeron en el error de malinterpretar la Palabra de Dios y de elevar las tradiciones y las enseñanzas de los ancianos al nivel y la autoridad de las Escrituras, a pesar de que estas enseñanzas contradecían la Palabra de Dios. Además de esto, Jesús denunció que el liderazgo religioso de aquellos días, debido a su adhesión a la tradición y a la mala interpretación de las Escrituras, era culpable por impedir a la gente entrar en el Reino de Dios: «¡Ay de vosotros, intérpretes de la ley! porque habéis quitado la llave de la ciencia; vosotros mismos no entrasteis, y a los que entraban se lo impedisteis» (Lucas 11:52). «Mas ¡ay de vosotros, escribas y fariseos, hipócritas! porque cerráis el reino de los cielos delante de los hombres; pues ni entráis vosotros, ni dejáis entrar a los que están entrando» (Mateo 23:13). Si esto fue cierto acerca del liderazgo religioso del pueblo de Dios en aquellos días de Jesucristo, entonces en la actualidad no hay garantía de que un liderazgo no vaya a caer en error y guíe a la gente a la equivocación.

¿Los escribas y los Fariseos de aquellos días estarían intencionalmente tratando de engañar a la gente? ¡No necesariamente! Muchos de ellos estaban haciendo lo que sinceramente sintieron ser lo correcto. Pero estaban equivocados y, consecuentemente, estaban engañando a la gente y guiándolos al error. La sinceridad no es una garantía contra el error. Un hombre puede estar sinceramente equivocado. La conclusión final, como Cristo enseñó, es que la Palabra de Dios es la autoridad suprema para determinar la veracidad o la falsedad de una enseñanza. Cualquier enseñanza que contradiga la Palabra de Dios debe ser rechazada: «¡A la ley y al testimonio! Si no dijeren conforme a esto, es porque no les ha amanecido» (Isaías 8:20).

Lucas deja constancia de cuando Pablo fue a Berea y predicó el evangelio en la sinagoga judía local: «Y éstos eran más nobles que los que estaban en Tesalónica, pues recibieron la palabra con toda solicitud, escudriñando cada día las Escrituras para ver si estas cosas eran así» (Hechos 17:11). La gente de Berea comparaba las doctrinas de Pablo con la Palabra de Dios para ver si estas eran consecuentes con la Biblia. Solo entonces podrían aceptar el evangelio que él les estaba predicando. Sabían que cualquier enseñanza que proviniera de Dios no estaría en contradicción con lo que él ya había revelado en su Palabra.

Es en este espíritu en el que se deben examinar todas las enseñanzas de la Iglesia católica romana.

2

La misa

DECLARACIONES AUTORITATIVAS DE LA IGLESIA CATÓLICA ROMANA CON RELACIÓN A LA MISA[3]

El Concilio de Trento

Sesión XXII: Sobre el sacrificio en la misa

Canon I. Si alguno dijere que no se ofrece a Dios en la misa verdadero y propio sacrificio; o que el ofrecerse este no es otra cosa que darnos a Cristo para que le comamos; sea excomulgado.

Canon III. Si alguno dijere que el sacrificio de la misa es solo sacrificio de alabanza, y de acción de gracias, o mero recuerdo del sacrificio consumado en la cruz; mas que no es propiciatorio; o que solo aprovecha al que le recibe; y que no se debe ofrecer por los vivos, ni por los difuntos, por los pecados, penas, satisfacciones, ni otras necesidades; sea excomulgado.

The Question and Answer Catholic Catechism (El catecismo católico de preguntas y respuestas)

1264: ¿Cómo se continúa el sacrificio de la cruz en la tierra?
El sacrificio de la cruz se continúa en la tierra a través del sacrificio en la misa.

1265. ¿Qué es el sacrificio de la misa?

El sacrificio de la misa es el verdadero y adecuadamente llamado sacrificio del Nuevo Pacto. Es el sacrificio en el cual Cristo es ofrecido a través de las especies del pan y el vino de forma no sangrienta. El sacrificio en el altar, por consiguiente, no es una simple conmemoración de la pasión y muerte de Jesucristo, sino un verdadero y adecuado acto de sacrificio. Cristo, el eterno sumo sacerdote, en una forma no sangrienta se ofrece a sí mismo como la Víctima más aceptable a Dios Padre, como lo hizo en la cruz.

1269. ¿Cómo representa la misa el Calvario?

La misa representa el Calvario al continuar el sacrificio de Cristo a su Padre celestial. En la misa, no menos que en el Calvario, Jesús realmente ofrece su vida a su Padre celestial. Esto es posible, porque en la misa se trata del mismo sacerdote, Jesucristo, quien con su voluntad humana (unida a la divina) se ofrece en sacrificio, y es la misma víctima, Jesucristo, cuya vida humana (unida con la divinidad) es sacrificada.

1277. ¿La misa difiere de alguna forma de aquel sacrificio único en la cruz?

La misa no difiere de ninguna forma de aquel sacrificio único en la cruz, porque en la misa el sacrificio es el mismo que fue realizado en la cruz, que continuará en la tierra hasta el final de los tiempos. Cristo no solo fue el sacerdote que se ofreció a sí mismo a su Padre celestial. Él es el sacerdote cuya intercesión por la pecaminosa humanidad continúa, solo que ahora él comunica las virtudes que ha ganado para nosotros por medio de su pasión y muerte sangrienta. La misa, por ello, no menos que la cruz, es expiatoria de pecados, pero ahora la expiación es experimentada por aquellos por quienes, Cristo en la cruz, ganó el derecho a la misericordia de Dios.

1279. ¿Cómo se dispensa el mérito del Calvario a través del santo sacrificio de la misa?

Los méritos del Calvario se dispensan a través de la misa da-

do que la gracia alcanzada por Cristo en la cruz para nosotros se comunica por medio del sacrificio eucarístico.

RESUMEN DE LAS ENSEÑANZAS CATÓLICAS ROMANAS

Queda claro, a partir de estas fuentes autoritativas, que en la teología católica romana, la misa es mucho más que una simple conmemoración. Es un sacrificio. La Iglesia católica romana enseña que la misa es la continuación del sacrificio de la cruz y es absolutamente necesaria para la salvación. Enseña que la misa es el mismo sacrificio que ocurrió en el Calvario, con la excepción de que ahora es un sacrificio no sangriento, y, porque se trata del mismo sacrificio realizado en el Calvario, es expiatorio de pecados. Según la Iglesia, a través de la misa Cristo comunica la gracia que ha alcanzado para la humanidad en la cruz. Es el sacramento a través del cual se canalizan los beneficios de la muerte de Jesús a la persona individual.

ENSEÑANZA BÍBLICA

¿Cómo se compara esta enseñanza con la Palabra de Dios? ¿Es consecuente con lo que enseña la Biblia sobre el sacrificio de Cristo? Encontramos la respuesta a esta pregunta en la carta a los Hebreos, que ofrece una enseñanza muy clara y detallada sobre la naturaleza del sacrificio del Señor Jesús. (En las siguientes citas se han puesto las palabras cruciales en letra cursiva).

> Hebreos 7:26-27: «Porque tal sumo sacerdote nos convenía: santo, inocente, sin mancha, apartado de los pecadores, y hecho más sublime que los cielos; *que no tiene necesidad cada día*, como aquellos sumos sacerdotes, de ofrecer primero sacrificios por sus propios pecados, y luego por los del pueblo; porque esto lo hizo *una vez para siempre*, ofreciéndose a sí mismo».

> Hebreos 9:11-12 «Pero estando ya presente Cristo, sumo sacerdote de los bienes venideros, por el más amplio y más per-

fecto tabernáculo, no hecho de manos, es decir, no de esta creación, y no por sangre de machos cabríos ni de becerros, sino por su propia sangre, entró *una vez para siempre* en el Lugar Santísimo, habiendo obtenido eterna redención».

Hebreos 9:24-26,28: «Porque no entró Cristo en el santuario hecho de mano, figura del verdadero, sino en el cielo mismo para presentarse ahora por nosotros ante Dios; y *no para ofrecerse muchas veces*, como entra el sumo sacerdote en el Lugar Santísimo cada año con sangre ajena. De otra manera le hubiera sido necesario padecer muchas veces desde el principio del mundo; pero ahora, en la consumación de los siglos, se presentó una vez para siempre por el sacrificio de sí mismo para *quitar de en medio* el pecado; [...] así también Cristo fue ofrecido una sola vez para llevar los pecados de muchos; y *aparecerá* por segunda vez, sin relación con el pecado, para salvar a los que le esperan».

Hebreos 10:10-14,18: «En esa voluntad somos santificados mediante la ofrenda del cuerpo de Jesucristo hecha *una vez para siempre*. Y ciertamente todo sacerdote está día tras día ministrando y ofreciendo muchas veces los mismos sacrificios, que nunca pueden quitar los pecados; pero Cristo, habiendo ofrecido *una vez para siempre un solo sacrificio por los pecados*, se ha sentado a la diestra de Dios, de ahí en adelante esperando hasta que sus enemigos sean puestos por estrado de sus pies; porque con *una sola ofrenda* hizo *perfectos para siempre* a los santificados [...]. Pues donde hay remisión de éstos, *no hay más ofrenda por el pecado*».

Pablo resalta algo similar en su carta a los Romanos:

Romanos 6:9-10: «... sabiendo que Cristo, habiendo resucitado de los muertos, *ya no muere*; la muerte no se enseñorea más de él. Porque *en cuanto murió, al pecado murió una vez por todas*; mas en cuanto vive, para Dios vive».

RESUMEN DE LAS ENSEÑANZAS BÍBLICAS

En estos pasajes, el sacrificio de Jesús se contrasta con el antiguo sistema sacrificial de los judíos: «Y ciertamente todo sacerdote está día tras día ministrando [...] *pero Cristo*, habiendo ofrecido una vez para siempre un solo sacrificio por los pecados...» (Hebreos 10:11-12).

En aquel sistema antiguo, los sacerdotes debían ofrecer sacrificios continuamente, una y otra vez, porque la sangre de los toros y de los machos cabríos nunca podía perdonar los pecados: solo cubrirlos («porque la sangre de los toros y de los machos cabríos no puede quitar los pecados» Hebreos 10:4). Sin embargo, con la llegada de Cristo y su sacrificio, el sistema sacrificial antiguo ha caído completamente en desuso, porque la sangre de Jesucristo quita el pecado. A través de su sangre hay pleno perdón de los pecados («pero ahora, en la consumación de los siglos, se presentó una vez para siempre por el sacrificio de sí mismo para *quitar de en medio el pecado*» Hebreos 9:26).

Los pasajes citados enseñan que el sacrificio de Cristo se hizo *una vez y para siempre* y que *nunca será repetido*. También en estos pasajes, se insiste siete veces en que el sacrificio fue una vez para siempre. No se puede repetir, por cuanto Jesús no puede volver a morir (Romanos 6:9-10). Su único sacrificio está completo. No se necesita que se ofrezca otro sacrificio: «Pues donde hay remisión de éstos, no hay más ofrenda por el pecado» Hebreos 10:18. Esto significa que los sacrificios por el pecado han terminado.

Aquí hay una clara contradicción entre las enseñanzas de la Iglesia católica romana y las enseñanzas de las Escrituras. La Iglesia católica romana enseña que el sacrificio de Cristo debe ser repetido una y otra vez: que su único ofrecimiento no es suficiente para limpiar todos los pecados, sino que los sacrificios repetidos en la misa son necesarios para la salvación.

Para ver claramente el contraste entre la Biblia y las enseñanzas de la Iglesia católica romana con relación al sacrificio de Jesús, nótese la siguiente tabla:

LA BIBLIA	ENSEÑANZAS CATÓLICAS ROMANAS
1. Un solo sacrificio por los pecados para todos los tiempos: un sacrificio que no se repite (Hebreos 7:24; 9:12; 9:22-29; 10:12,14).	1. Sacrificios diarios de Jesús / Se repiten con frecuencia.
2. Él no vuelve a morir, murió una sola vez (Romanos 6:9-10).	2. Jesús muere con frecuencia.
3. «Y sin derramamiento de sangre no se hace remisión» (Hebreos 9:22).	3. Sacrificio no sangriento que quita la culpa de los pecados.
4. Se quita el pecado a través del sacrificio único de Jesús (Hebreos 10:10,14,18; 9:26).	4. Se tiene que pedir por los pecados continuamente en la misa. El pecado no ha sido eliminado por el sacrificio único de Jesús.
5. «Porque con una sola ofrenda hizo perfectos para siempre a los santificados» (Hebreos 10:14).	5. El sacrificio único de Jesús no es suficiente para obtener el perdón de Dios por los pecados.
6. «Pues donde hay remisión de éstos, no hay más ofrenda por el pecado» (Hebreos 10:18).	6. Se necesitan muchas ofrendas. Los sacrificios deben continuarse.

El Señor Jesucristo nunca podría haber instituido la misa. Muy por el contrario, las Escrituras dicen que los sacrificios han terminado con su sacrificio perfecto, único y completo.

> La celebración de la misa es la mayor responsabilidad del sacerdocio romano. Sin embargo, el Nuevo Testamento no da ninguna instrucción de cómo se la debe oficiar, y en realidad no hay más que una sola línea al respecto en las Escrituras. Cristo envió a los apóstoles a enseñar y a bautizar, no a oficiar misas [...]. Pablo hizo muchas exhortaciones concernientes al gobierno y a las responsabilidades de las iglesias, pero no dice nada acerca del sacrificio en la misa [...]. El escritor de la Epístola a los Hebreos tiene muchas cosas que decir acerca de las repeti-

> ciones interminables y a la falta de sentido de los sacrificios antiguos. Él mostró que su único valor era simbolizar y señalar al único y verdadero sacrificio, el que fue hecho por Cristo (10:10-14).
>
> Por ello, el Nuevo Testamento anuncia el cese de todos los sacrificios, declarando que únicamente Cristo es nuestro verdadero sacrificio, y que él se ofreció a sí mismo «una sola vez y para siempre», terminando de esta manera con los otros sacrificios para siempre (Loraine Boettner, *Roman Catholicism* —Catolicismo romano—, 1962, pp. 171-72).

Como ya habíamos puntualizado previamente, existe un principio básico de interpretación bíblica que debe observarse cuidadosamente. Porque la Biblia es la Palabra de Dios sabemos que ella no puede contradecirse. La Palabra de Dios es verdadera (Juan 17:17). Por ello, si nuestra interpretación de un pasaje es causa de que esta se contradiga con la clara enseñanza de otra porción de la Biblia, entonces nuestra interpretación es incorrecta.

La carta a los Hebreos declara una y otra vez que el sacrificio de Jesús fue una sola vez y para siempre, por esta razón no puede repetirse. El que la Iglesia católica romana interprete otras secciones de las Escrituras, como el pasaje que relata la última cena, para enseñar que Cristo estaba instituyendo un sacramento para la continuación de su sacrificio, es hacer que las Escrituras se contradigan.

La Biblia está totalmente en contra de lo que enseña la Iglesia católica romana con relación a la misa. Las contradicciones son irreconciliables. La Palabra de Dios enseña una cosa, mientras que la Iglesia católica romana enseña otra.

No necesitamos la celebración de la misa para el perdón de los pecados. El sacrificio único y verdadero de Cristo es completo y suficiente. Todos los que vienen a él, lo reciben como su Salvador por medio de la fe y se someten a su señorío, encontrarán perdón completo por todos los pecados sobre la base de su único y todo suficiente sacrificio en la cruz. Nuestra fe debe estar basada en una persona y su obra consumada, y no en una Iglesia y sus sacramentos.

3

El sacerdocio

DECLARACIONES AUTORITATIVAS DE LA IGLESIA CATÓLICA ROMANA ACERCA DEL SACERDOCIO[4]

El Concilio de Trento

Sesión: XXIII: Sobre el sacramento del orden

Canon I. Si alguno dijere que no hay en el Nuevo Testamento sacerdocio visible y externo; o que no hay potestad alguna de consagrar, y ofrecer el verdadero cuerpo y sangre del Señor, ni de perdonar o retener los pecados; sino solo el oficio, y mero ministerio de predicar el evangelio; o que los que no predican no son absolutamente sacerdotes; sea excomulgado.

Sesión XXII: Sobre el sacrificio en la misa

Canon II. Si alguno dijere que en aquellas palabras: Haced esto en mi memoria (Lucas xxii.19), Cristo no instituyó sacerdotes a los apóstoles, o que no los ordenó para que ellos, y los demás sacerdotes ofreciesen su cuerpo y su sangre; sea excomulgado.

The Question and Answer Catholic Catechism (El catecismo católico de preguntas y respuestas)

1466. ¿Cuándo instituyó Cristo el sacramento del orden?

Cristo en realidad instituyó el sacramento del orden en la última cena. Luego de consagrar el pan y el vino, y cambiarlos para que fueran su propio cuerpo y sangre, les dijo a los apóstoles: «Haced esto en memoria de mí» (Lucas 22:19). Con ello les estaba confiriendo a los apóstoles y a sus sucesores el poder principal de este sacramento, especialmente, el poder consagrar y ofrecer su cuerpo y su sangre en el sacrificio de la misa.

1488. ¿Cuál es el ministerio principal de un sacerdote?

El ministerio principal de un sacerdote es el de consagrar y ofrecer la santa eucaristía, y perdonar pecados. En ello, los sacerdotes difieren de los diáconos, quienes no reciben el poder de consagrar la eucaristía, celebrar la misa, o perdonar pecados por medio de la absolución sacramental.

RESUMEN DE LAS ENSEÑANZAS CATÓLICAS ROMANAS

Estas fuentes autoritativas nos hacen evidentes que la Iglesia católica romana enseña que el Señor Jesucristo en persona ha instituido el orden sacerdotal para la atención de dos responsabilidades principales: la primera es la de ofrecer el sacrificio de la «misa» y la segunda es la de «escuchar la confesión de los pecados y absolverlos». En el ejercicio de sus responsabilidades, especialmente en el sacrificio de la misa y a través de la confesión y la penitencia, el sacerdote es un mediador.

La palabra griega para mediador en el Nuevo Testamento es la palabra *mesitês*, que quiere decir «uno que interviene entre dos, sea para hacer o restablecer paz y amistad; un medio de comunicación, un árbitro» (*Greek-English Lexicon of the New Testament*, 1987 —*Léxico griego-inglés del Nuevo Testamento*—, 1887, Thayer). Así, un mediador es uno que interviene entre dos personas o partes con el fin de reconciliar a uno con el otro.

¿Hay en la Biblia una enseñanza por la cual el Señor Jesucristo haya instituido una clase especial de hombres en la Iglesia conocidos como sacerdotes, quienes recibirían la autoridad para reconciliar a los hombres con Dios a través de la misa y por medio de la confesión y la penitencia? La respuesta es simplemente «no». Antes que nada, como mencionamos en el capítulo anterior, todo el concepto de sacrificios continuos es completamente contradictorio a las enseñanzas de la Palabra de Dios. El Señor Jesús no comisionó o instituyó el sacerdocio humano, empezando por los apóstoles, quienes deberían continuar ofreciendo sacrificios en la misa. Todos los sacrificios han sido abolidos, porque el sacrificio que Jesús hizo «una vez y para siempre» es completo. Puesto que los sacrificios han sido abolidos (Hebreos 10), no hay más necesidad de tener sacerdocio. Cualquiera que fuera la comisión que el Señor Jesús les estuviera dando a sus apóstoles, no era para autorizarlos a convertirse en sacerdotes que continuaran ofreciendo su sacrifico en la misa.

Algunos escritores católicos romanos contemporáneos resaltan que el sacerdote en realidad no vuelve a hacer el sacrificio de Cristo de forma literal, sino que muestra el sacrificio histórico y único a manera de recordatorio. Uno de estos autores escribió:

> La Iglesia católica nunca ha enseñado que en la misa se vuelve a sacrificar a Cristo, o a ofrecerlo para que sufra de nuevo. La misa católica se llama sacrificio porque vuelve a poner en escena o presenta una vez más lo que una vez pasó con aquel único sacrificio de Cristo en el Calvario. Jesucristo fue sacrificado una sola vez, pero Dios, en su misericordia, nos hace presente una vez más el único sacrificio de Cristo a través de la misa, para que nosotros los seres humanos podamos entrar más profundamente dentro de la realidad y conocer el significado de aquel sacrificio. Los católicos creen esto, porque Cristo es el mismo ayer, hoy y siempre (Hebreos 13:8). Lo que Cristo hizo en el pasado —su muerte en la cruz— es el presente para Dios. Dios puede hacernos presente este sacrificio cuando los cristianos se reúnen para celebrar la última cena o eucaristía en su memoria. Por ello, los cristianos católicos no creen que Cristo es nuevamente sacrificado en la misa, sino que aquel sacrificio único en el Calvario nos es hecho real y presente por Dios para que podamos entrar en este misterio central de nuestra fe en una

> nueva forma (Alan Schreck, *Catholics and Christians* —Católicos y cristianos—, 1984, pp. 133-34)

Las declaraciones de Schreck son una completa negación de lo que la Iglesia católica romana autoritativamente enseña con relación a la misa y el sacerdocio; él dice que la Iglesia nunca ha enseñado que en la misa se vuelva a sacrificar a Jesucristo. Pero esto simplemente no es verdad. El Concilio de Trento dice que es un verdadero sacrificio, que es propiciatorio por los pecados, y ordena que se excomulgue a cualquiera que niegue esto.[5] John Hardon, S. J. dice:

> El sacrificio de la cruz se continúa en la tierra por el sacrificio de la misa [...]. Por el cual es ofrecido Cristo bajo los elementos del pan y el vino de forma no sangrienta. El sacrificio en el altar, por tanto, no es solo una mera conmemoración de la pasión y la muerte de Jesucristo, sino un verdadero y apropiado acto de sacrificio [...] la misa vuelve a presentar el sacrificio de Cristo ofreciéndose a sí mismo a su Padre celestial. En la misa, no menos que en el Calvario, Jesús ofrece su vida a su Padre celestial. La misa de ninguna forma difiere de aquel singular sacrificio de la cruz, porque la misa es el mismo sacrificio que aquel de la cruz, que se continúa haciendo en la tierra hasta el fin de los tiempos [...] la misa, por ello, no es menos que la cruz, es expiatoria de pecados... (*The Question and Answer Catholic Catechism* —El catecismo católico de preguntas y respuestas—, 1264, 1265, 1269, 1277).

Las enseñanzas oficiales de la Iglesia católica romana son claras. El sacerdote no solo hace una simple conmemoración de la muerte y el sacrificio de Cristo, sino que en realidad continúa su sacrificio a través de lo que se hace en la misa. Pero esta enseñanza a todas luces contradice la enseñanza que hemos visto en Hebreos capítulos 7 al 10. Ya que la Biblia es la Palabra de Dios y ella no puede contradecirse, la interpretación de la Iglesia católica romana es incorrecta.

Sería de mucha utilidad ver de cerca lo que en realidad dice la Biblia sobre el sacerdocio.

En la dispensación del Antiguo Testamento, Dios eligió a la tribu de los levitas para que se dedicasen al sacerdocio. Ellos tenían la responsabilidad de representar al pueblo delante de Dios y actuar como mediadores entre Dios y el pueblo. Esa es la idea esencial del sacerdote; es una persona que media entre Dios y los hombres. Dios eligió a estos mediadores porque, en su estado pecaminoso, los hombres no podían presentarse delante de él o tener comunión con él sin que hubiera un mediador para ofrecer sacrificios. La responsabilidad central del sacerdote en la dispensación del Antiguo Testamento era la de ministrar en el santuario delante de Dios, ofreciendo sacrificios a él de parte de la gente y de enseñarles la ley de Dios: «Porque todo sumo sacerdote tomado de entre los hombres es constituido a favor de los hombres en lo que a Dios se refiere, para que presente ofrendas y sacrificios por los pecados» (Hebreos 5:1).

Todo el sistema sacrificial en el Antiguo Testamento ofreció un anticipo del único y gran sacrificio de Jesús como el Cordero de Dios, que quita el pecado del mundo. Por ello ha sido completamente abolido. De forma similar, el sacerdocio que Dios estableció en el Antiguo Testamento ofreció un anticipo de lo que sería realizado un día por nuestro Sumo Sacerdote, el Señor Jesucristo. «Con el advenimiento de Cristo [...] y con el cumplimiento de su obra redentora, cada uno de estos oficios, según funcionaron a nivel humano, llegaron a su cumplimiento y fueron abolidos» (Loraine Boettner, *Roman Catholicism,* —Catolicismo romano—, pp. 44).

Hebreos 7:11-24 aclara que el sacerdocio humano ha sido puesto en desuso. Ha sido reemplazado por el sacerdocio de Jesucristo, y él ahora es el sacerdote para siempre. El sacerdocio conforme al antiguo pacto, así como los sacrificios, se han vuelto obsoletos (He. 8:13) y han sido desechados.

La autoridad bíblica clave para esta enseñanza es Hebreos 7:12; 7:18-19; 7: 24:

> Porque *cambiado el sacerdocio*, necesario es que haya también cambio de ley (Hebreos 7:12).

> Queda, pues, *abrogado* el mandamiento anterior a causa de su debilidad e ineficacia (pues nada perfeccionó la ley), y de la introducción de una mejor esperanza, por la cual nos acercamos a Dios (Hebreos 7:18-19).

> Mas este, por cuanto *permanece para siempre*, tiene un sacerdocio *inmutable* (Hebreos 7:24).

Estos versículos nos muestran que el sacerdocio aarónico fue cambiado con la llegada de Cristo. Un nuevo sacerdocio, uno según el orden de Melquisedec, se inauguró. Debemos desechar el mandamiento anterior (la dispensación de los pecados en el Antiguo Testamento y el sacerdocio humano que no podían ser perfectos) ahora que ha llegado aquel que es perfecto. Lo que no pudo hacer el sacerdocio del Antiguo Testamento fue realizado por Jesucristo. Consecuentemente, el sistema antiguo es puesto en desuso. La palabra griega para traducir «abrogado» es *athetêsis*; implica la abolición. Así, el sacerdocio según el Antiguo Testamento ha sido abolido. «La declaración: 'Tú eres sacerdote para siempre, Según el orden de Melquisedec' anuncia así la *abrogación* de la antigua ley que fue instituida por el orden Aarónico» (F. F. Bruce, *Hebrews* —Hebreos—, 1964, p. 148).

El sistema antiguo, el sacerdocio humano, fue desechado y reemplazado por el sacerdocio eterno de Jesucristo. Este último se asume para siempre, él toma su sacerdocio de forma permanente (Hebreos 7:24). La palabra «permanente» es el término griego *aparabatos*, que significa «inmutable, no transmisible a un sucesor» (*Thayer's Greek Dictionary* — Diccionario Griego de Thayer).

Jesucristo no podría haber instituido un sacerdocio humano a través de sus discípulos, puesto que la Biblia enseña que él ejerce un sacerdocio exclusivo para siempre. No puede ser compartido con nadie más o transferido a nadie más. El sistema mosaico en el Antiguo Testamento ofreció un anticipo de la persona del Señor Jesucristo. Ahora que él ha llegado, el sistema antiguo ha sido completamente abolido.

> Según el cambio en el sacerdocio del Nuevo Testamento —a través del cual el viejo orden ritual y sacrificial que prefiguraba la obra expiatoria de Cristo ha sido cumplido completamente, y solo Cristo se ha convertido en nuestro verdadero Sumo Sacerdote—, el sacerdocio humano como una cosa separada y distinta llevada por hombres ha cumplido con su función y ahora ha sido abolido (Loraine Boettner, *Roman Catholicism* —Catolicismo romano—, p. 44).

La carta a los Hebreos en su totalidad fue escrita para instruir y advertir a los judíos cristianos que habían dejado el judaísmo, pero que debido a las persecuciones estaban siendo tentados a renunciar al cristianismo y volver al antiguo sistema mosaico. La carta a los Hebreos muestra que todo el sistema mosaico, ha sido puesto en desuso, porque Cristo es el cumplimiento pleno de aquello que buscaba alcanzar el sistema antiguo. Ahora los hombres tienen acceso directo a Dios a través de Jesucristo, y ya no necesitan un sistema de sacerdotes humanos que ofrezcan sacrificios. Los hombres ahora pueden ir directamente a Dios a través de Jesucristo. Él se ha convertido en el mediador entre nosotros y Dios.

Dios no tuvo la intención de que el sistema mosaico fuera permanente. Era solo un arreglo temporal para enseñar a los hombres que tenían que acercarse a él a través de un sacerdote y de una muerte sacrificial. Pero cuando vino el Hijo de Dios, como cumplimiento perfecto de aquello que buscaba lograr el sistema antiguo, el nuevo pacto y una forma perfecta de acercarse a Dios tomaron su lugar. «Porque hay un solo Dios, y un solo mediador entre Dios y los hombres, Jesucristo hombre» (1 Timoteo 2:5). Cristo mismo dijo: «*Yo* soy el camino, y la verdad, y la vida; nadie viene al Padre, sino por *mí*» (Juan 14:6).

Jesucristo es ahora el único sacerdote que Dios reconoce; es el único sacerdote que la humanidad necesita, porque su obra de sacrificio por los pecados es perfecta. Él está ahora de continuo delante de Dios por su pueblo. Solo él puede reconciliar a los hombres con Dios, y se nos ha dado ahora el derecho de acceder directamente al Padre a través de él: «porque *por me-*

dio de él los unos y los otros tenemos entrada por un mismo Espíritu al Padre» (Efesios 2:18).

En realidad, en la totalidad del Nuevo Testamento, no se hace mención de un nuevo orden de sacerdotes con la autoridad de continuar los sacrificios y perdonar pecados y actuar como mediadores entre Dios y los hombres.

> Los escritores del Nuevo Testamento tenían dos palabras separadas para referirse a los *ancianos* y los *sacerdotes*. Estas no significan lo mismo en absoluto, y el Nuevo Testamento nunca las confunde. Nunca dice *presbuteros* («anciano»), cuando quiere decir *sacerdote*. La palabra para «sacerdote» en el Nuevo Testamento es *hiereus*. En griego, desde Homero en adelante, esta palabra tuvo un significado singular. Significaba un hombre designado, consagrado, o de otra forma un encargado con poder para realizar ciertas funciones técnicas de adoración ritual, especialmente ofrecer sacrificios agradables, y elevar oraciones. De igual forma en la Septuaginta, *hiereus* es la traducción normal y también invariable de las palabras *kohen* y *kahen* del Antiguo Testamento. La única palabra del hebreo para referirse a sacerdote se presenta más de cuatrocientas veces en el Antiguo Testamento con este sentido. En el Nuevo Testamento *hiereus* siempre significa «sacerdote», nunca «anciano». No hay un solo lugar en el Nuevo Testamento en el cual exista siquiera una sombra de alusión a un sacerdote cristiano en el sentido ordinario de la palabra, esto es, un hombre que esté calificado para la función especial de ofrecer sacrificios, hacer intercesión sacerdotal, o realizar cualquier otro acto que solo le corresponda a hacerlo a un sacerdote. La Epístola a los Hebreos atribuyó a Cristo y solo a él ambos papeles, el de Sacerdote y el de Sumo Sacerdote. El argumento de la epístola no solo indica que el sacerdocio cristiano era desconocido para el autor, sino que aquel sacerdocio no se podía permitir. Los cristianos pueden ver solo a Cristo como su Sacerdote. Él ha realizado perfecta y permanentemente la función de Sacerdote para todos los creyentes. Su sacerdocio, siendo perfecto y eterno, vuelve innecesario y anacrónico al sacerdocio humano. (*Chicago Lutheran Theological Seminary Record*, citado por Boettner, p. 47).

En muchos lugares Pablo hace una lista de las diferentes clases de ministerios y los hombres que son especialmente apartados para estas tareas porque tienen talentos dados por Dios para tal efecto dentro de la Iglesia, tales como los apóstoles, los profetas, los evangelistas, los pastores y los maestros (Efesios 4:11; 1 Corintios 12:28). En ningún lugar Pablo menciona a los sacerdotes. Pablo designó a los ancianos en las iglesias, pero, como hemos visto, la palabra «sacerdote» es completamente diferente en todo su conjunto.

En contraposición a una clase selecta de hombres que son apartados para el ministerio especial del sacerdocio, el Nuevo Testamento enseña que todos los cristianos son sacerdotes. Solo que los sacrificios que ofrecemos son espirituales, en cuanto tienen acceso al trono de Dios a través de la oración y pueden rogar delante de él por los hombres:

> Mas vosotros sois linaje escogido, real *sacerdocio*, nación santa, pueblo adquirido por Dios, para que anunciéis las virtudes de aquel que os llamó de las tinieblas a su luz admirable (1 Pedro 2:9).

> Y de Jesucristo el testigo fiel, el primogénito de los muertos, y el soberano de los reyes de la tierra. Al que nos amó, y nos lavó de nuestros pecados con su sangre, y nos hizo reyes y *sacerdotes* para Dios, su Padre; a él sea gloria e imperio por los siglos de los siglos. Amén (Apocalipsis 1:5-6).

Bajo la economía del Nuevo Testamento, solo hay un sacerdote en el estricto sentido de la palabra, como lo define el apóstol Pablo: «Porque todo sumo sacerdote tomado de entre los hombres es constituido a favor de los hombres en lo que a Dios se refiere, para que presente ofrendas y sacrificios por los pecados» (Hebreos 5:1). Nuestro gran Sumo Sacerdote, de quien todos los anteriores sacerdotes, según la dispensación mosaica, solo eran un reflejo, es el «mediador entre Dios y los hombres» (1 Timoteo 2:5). Él es el único que presenta el sacrificio, aquel sacrificio propiciatorio. Él, sobre la base de ese sacrificio, hace intercesión por aquellos que se acercan a Dios a través de él, y obtiene aceptación tanto por ellos como por sus servicios, y con toda autoridad bendice a su pueblo.

Es bastante común, sin embargo, que en el Nuevo Testamento se represente a todos los cristianos como figuras sacerdotales, en el sentido de personas que se consagran solemnemente y se dedican al servicio divino. Estos dos conceptos se nos dan en el pasaje anterior. Vosotros sois «real sacerdocio», y vosotros sois un sacerdocio dedicado a «ofrecer sacrificios espirituales aceptables a Dios por medio de Jesucristo...».

Los cristianos son un sacerdocio «real» y consagrado. Usted es consciente de que en el Antiguo Testamento los sacerdotes eran separados de sus hermanos desde su nacimiento, para su consagración. Como hijos de Aarón, ellos pertenecían al orden sacerdotal. De forma similar, todos los cristianos, por su nuevo nacimiento, son separados para el servicio de Dios. Y como los hijos de Aarón eran consagrados por medio del rociamiento de la sangre y el lavamiento del agua, así los cristianos tienen sus conciencias rociadas por la sangre de aquel que «mediante el Espíritu eterno se ofreció a sí mismo sin mancha a Dios», y son purificados «por el lavamiento de la regeneración y por la renovación en el Espíritu Santo» (Hebreos 9:14; Tito 3:5).

De la misma forma en que se parecen a los sacerdotes en su consagración, se parecen a ellos en su servicio. Ofrecen sacrificios espirituales; la idea principal es que a los cristianos se los lleva a una relación muy cercana con Dios; y que la totalidad de sus vidas debería dedicarse con devoción a su servicio. Ellos deben ofrecer «siempre a Dios, por medio de él, sacrificio de alabanza, es decir, fruto de labios que confiesan su nombre». Deben presentar sus cuerpos —a sí mismos, seres vivientes corpóreos, no los cadáveres de animales inmolados— «en sacrificio vivo». Sea que coman, beban, o hagan lo que sea que hagan en palabra y acción, deben hacerlo «en el nombre del Señor Jesús, dando gracias a Dios Padre por medio de él» (John Brown, *Expository Discourses on 1 Peter* —Discursos Expositivos sobre 1 Pedro—, Volumen 1, reimpresión 1975, pp. 249-52).

1 Pedro 2:5,9 se refiere al sacerdocio que comparten todos los creyentes en Jesús. Somos un reino de sacerdotes. Pero este sacerdocio no tiene nada que ver con los sacrificios por los pecados, ni con que los hombres puedan llegar a Dios por medio de nosotros. Los hombres deben ir directamente a Dios por medio de Jesucristo, dejando a un lado por completo cualquier agencia humana. No tenemos necesidad de un sacerdocio humano, al tener un sacerdote divino, Jesucristo, a quien podemos acudir en cualquier momento, porque él ha ofrecido el sacrificio perfecto. Solo él es el mediador entre nosotros y Dios; no hay ni puede haber otro (1 Timoteo 2:5).

Las enseñanzas del catolicismo romano sobre el sacerdocio están, consecuentemente, en directa contradicción con las enseñanzas de la Palabra de Dios. Dios ya no autoriza un sacerdocio humano con sus sacrificios a fin de mediar entre los hombres y él.

¿Pero qué hay con relación a lo que enseña el catolicismo romano de que se necesita un sacerdote humano para la absolución de los pecados a través de la confesión y la penitencia? Veremos la respuesta a esta pregunta con detalle en el siguiente capítulo.

4

La confesión y la penitencia

DECLARACIONES AUTORITATIVAS DE LA IGLESIA CATÓLICA ROMANA SOBRE LA CONFESIÓN Y LA PENITENCIA[6]

El Concilio de Trento

Sesión XIV: De los sagrados sacramentos de la penitencia y la extremaunción

Capítulo VI: Sobre el misterio de este sacramento y la absolución

A pesar de que la absolución de un sacerdote es la dispensación de la munificencia de otro, no por ello es un mero ministerio, como lo es la predicación del evangelio, o la declaración de que los pecados han sido perdonados, sino que adquiere la forma de un acto judicial, por el cual se pronuncia la sentencia dictada por el juez, siendo el sacerdote el juez.

Sobre el santísimo sacramento de la penitencia

Canon VI. Si alguno negare, que la confesión sacramental está instituida, o es necesaria de derecho divino; o dijere, que el modo de confesar en secreto con el sacerdote, que la Iglesia cató-

lica ha observado siempre desde su principio, y al presente observa, es ajeno de la institución y precepto de Jesucristo, y que es invención de los hombres; sea excomulgado.

Canon IX. Si alguno dijere, que la absolución sacramental que da el sacerdote, no es un acto judicial, sino un mero ministerio de pronunciar y declarar que los pecados se han perdonado al penitente, con la sola circunstancia de que crea que está absuelto; o el sacerdote le absuelva no seriamente, sino por burla; o dijere que no se requiere la confesión del penitente para que el sacerdote pueda absolver; sea excomulgado.

The Question and Answer Catholic Catechism (El catecismo católico de preguntas y respuestas)

1320. ¿Por qué la virtud de la penitencia es necesaria?
La virtud de la penitencia es necesaria para un pecador porque así se reconcilia con Dios.

1321. ¿Qué es el sacramento de la penitencia?
La penitencia es el sacramento instituido por Cristo, a través del cual el pecador es reconciliado con Dios por medio de la absolución del sacerdote.

1326. ¿Cuál es la manera y forma del sacramento de la penitencia?
La forma de este sacramento son las palabras de absolución, las mismas que son dichas oralmente por un sacerdote autorizado. Lo esencial para la absolución son las palabras «yo te absuelvo de tus pecados». La manera del sacramento es la exigencia de que se realice el acto de penitencia, especialmente, la contrición, confesión y satisfacción.

1398. ¿Cómo es que la satisfacción es expiatoria?
La satisfacción es expiatoria cuando se compensa por la falta al amor de Dios que es la raíz del pecado, en la que voluntariamente se quiera sufrir la compensación por la autoindul-

gencia, y al soportar dolor en la reparación por el daño y el desorden causado por la comisión del pecado.

1395. ¿Qué es la satisfacción extrasacramental?
La satisfacción extrasacramental es cualquier forma de expiación ofrecida a Dios fuera del sacramento de la penitencia. Nuestras obras de satisfacción tienen mérito si se realizan en un estado de gracia y un espíritu de penitencia.

1400. ¿Cómo podemos compensar los pecados cometidos?
Podemos compensar los pecados cometidos a través de penurias y pruebas de la vida, incluyendo el dolor por la muerte, o a través de la purificación de las penalidades en la vida en el más allá. Los pecados pueden ser perdonados a través de las indulgencias.

RESUMEN DE LAS ENSEÑANZAS CATÓLICAS ROMANAS

La Iglesia católica romana enseña que, a través de los apóstoles, el Señor Jesucristo ha establecido un sacerdocio humano con divina autoridad para perdonar pecados, absolver a los hombres de la culpa y llevarlos a un estado de perdón y reconciliación con Dios.

La Iglesia católica romana enseña que esto no es una mera formalidad, sino que el sacerdote está en el lugar de Dios como juez y ejecuta un acto judicial. Además enseña que no hay perdón de pecados cuando estos no se confiesan a un sacerdote y se cumple la penitencia. Por consiguiente, se ve a la confesión y la penitencia como requisitos esenciales para la salvación. La Iglesia romana también enseña que por medio de buenas obras, oración, ayuno, la participación en los sacramentos, indulgencias, soportar penurias y actos de caridad, una persona puede alcanzar méritos para recibir la gracia de Dios y quitar el castigo temporal que merece su pecado. En otras palabras, una persona puede tener el perdón de sus propios pecados por medio de sus obras.

Los siguientes versículos son la principal porción bíblica en la que la Iglesia católica romana basa sus enseñanzas acerca de la confesión y la penitencia.

> Mateo 16:16-19: «Respondiendo Simón Pedro, dijo: Tú eres el Cristo, el Hijo del Dios viviente. Entonces le respondió Jesús: Bienaventurado eres, Simón, hijo de Jonás, porque no te lo reveló carne ni sangre, sino mi Padre que está en los cielos. Y yo también te digo, que tú eres Pedro, y sobre esta roca edificaré mi iglesia; y las puertas del Hades no prevalecerán contra ella. Y a ti te daré las llaves del reino de los cielos; y todo lo que atares en la tierra será atado en los cielos; y todo lo que desatares en la tierra será desatado en los cielos».

> Juan 20:23 «A quienes remitiereis los pecados, les son remitidos; y a quienes se los retuviereis, les son retenidos».

LO QUE ENSEÑA LA BIBLIA

Las preguntas que debemos hacer son las siguientes: ¿Verdaderamente enseñan estos versículos la doctrina católica romana de la confesión y la penitencia? ¿Es la interpretación de estos versículos consecuente con las enseñanzas del resto de la Biblia?

Claramente, la respuesta debe ser y es negativa. Estos versículos *no* enseñan que un sacerdote tenga la autoridad para perdonar pecados. La interpretación que hace Roma de estos versículos no es consecuente con las enseñanzas del resto de la Biblia. En efecto, hace que la Biblia se contradiga. Esto es cierto por las siguientes razones:

Ya hemos visto en nuestros estudios sobre la misa y el sacerdocio que Cristo no instituyó un grupo especial de hombres para que sean sacerdotes y continúen ofreciendo sacrificios hasta que él regrese. Por el contrario, todo sacerdocio humano ha sido abolido y reemplazado por el sacerdocio de Jesucristo. Ya que no existe un sacerdocio, se entiende que no hay autoridad bíblica para un grupo especial de hombres que tengan poder para perdonar pecados por medio de la confesión y la absolución y de esta manera reconciliarnos con Dios.

Para ser un sacerdote que pueda absolver a una persona de la culpa de sus pecados, necesita ser un mediador, aquel que reconcilia a dos partes. Pero, tal y como hemos visto, la Biblia enseña que solo hay un mediador entre Dios y los Hombres, Jesucristo hombre.

John Hardon, S. J. dice: «La penitencia es el sacramento instituido por Cristo por el cual los pecadores son reconciliados con Dios a través de la absolución de un sacerdote» (*The Question and Answer Catholic Catechism* —El catecismo católico de preguntas y respuestas—, 1321).

Para que la penitencia y la absolución sean realidad, debe haber un sacerdote. Solo él, según la Iglesia católica romana, tiene la autoridad de oír confesiones y perdonar los pecados. Pero, por cuanto la Biblia enseña que ya no hay sacerdocio, no hay autoridad bíblica para que exista confesión ante un sacerdote ni tampoco penitencia.

Puesto que el sacerdocio humano ya no existe, la interpretación particular de la Iglesia católica romana de Mateo 16:16-19 (y también de Juan 20:23) es incorrecta. Todo su concepto sobre la confesión y la penitencia es contrario a las enseñanzas de la Biblia. Y esto no es solo cierto con relación a la enseñanza de la Iglesia católica romana sobre el sacerdocio, sino también con relación a la obra de Jesucristo.

Para poder apreciar mejor el porqué de esto, es necesario entender lo que la Biblia enseña sobre el sacrificio de Cristo por los pecados. En la sección de la misa vimos que cuando el Señor Jesucristo fue sacrificado en la cruz, él pagó *por completo* la pena por los pecados, no solo la pena por el pecado original de Adán. Cristo soportó la ira de Dios contra los pecados específicos. Él se convirtió en nuestro sustituto: «quien llevó él mismo nuestros pecados en su cuerpo sobre el madero» (1 Pedro 2:24) «Pecados» significa cualquier trasgresión de la ley de Dios que hayamos cometido de pensamiento, palabra, acción y motivación.

En este sentido, Cristo «es la *propiciación* por nuestros pecados; y no solamente por los nuestros, sino también por los de todo el mundo» (1 Juan 2:2). Propiciación significa la satisfacción de la ira. Jesús ha recibido la ira y el juicio de Dios por todos nuestros pecados en la cruz. Los sacrificios ya no son necesarios, porque Cristo ha pagado el precio completo por los pecados en la cruz. *Todas* nuestras transgresiones fueron puestas sobre Cristo y toda pena fue pagada por él. Esta enseñanza se imparte claramente en Colosenses 2:13-14: «Y a vosotros, estando muertos en pecados y en la incircuncisión de vuestra carne, os dio vida juntamente con él, perdonándoos todos los pecados, anulando el acta de los decretos que había contra nosotros, que nos era contraria, quitándola de en medio y clavándola en la cruz». Pablo dice: «Habiéndonos *perdonado todas* nuestras transgresiones». Perdón completo por los pecados es lo que se puede encontrar en la obra de Jesucristo en la cruz. Solo su sangre puede encarar la culpa de nuestros pecados. Por esto solo él puede ser el Salvador. No es posible añadir obras humanas ni méritos a su obra. Sin embargo, la Iglesia católica romana enseña que las personas pueden expiar sus propios pecados a través de la participación en los sacramentos y otras formas de mérito humano. John Hardon, S. J. dice:

> Nosotros mismos podemos pagar por nuestros pecados a través de cualquier buena obra que realicemos, pero especialmente a través de la oración, la penitencia y la práctica de la caridad. Mientras que toda oración hace mérito para pagar por nuestros pecados, es más efectivo cuando le pedimos a Dios que tenga misericordia de nosotros, y unimos nuestras oraciones a la abnegación voluntaria. La penitencia por los pecados no solamente es física, como el ayuno y la abstinencia, sino también espiritual, como restringir la curiosidad, la conversación o cualquier otro tipo legítimo de recreación. Más aún, la aceptación paciente de pruebas y humillaciones enviadas por Dios es expiatoria. Finalmente, la práctica de la caridad con otros es una poderosa satisfacción por nuestra falta de caridad para con Dios...
>
> El pecado también puede ser expiado a través de indulgencias (*The Question and Answer Catholic Catechism* —El catecismo católico de preguntas y respuestas—, 1392, 1400).

Pero este concepto es totalmente extraño a la Biblia.

La Iglesia católica romana también enseña que hay una distinción de pecados para los cristianos, que ellos denominan mortales y veniales. Un pecado mortal es merecedor del Infierno, mientras que un pecado venial no es tan serio y simplemente hará que la persona pase un tiempo específico en el Purgatorio. Así, la Iglesia católica romana enseña que hay dos tipos de castigo por los pecados: uno eterno y el otro temporal. Pero los términos «mortal» y «venial» nunca se usan en las Escrituras. Tampoco la Biblia hace una diferenciación entre un castigo eterno y un castigo temporal. Estas son distinciones totalmente arbitrarias hechas por la Iglesia católica romana, que no tienen autoridad en la Palabra de Dios.

Algunos podrán querer discutir en este punto que 1 Juan 5:16-17, aun sin usar los términos específicos de «mortal» y «venial», ciertamente parece usar conceptos similares. Juan dice:

> Si alguno viere a su hermano cometer pecado que no sea de muerte, pedirá, y Dios le dará vida; esto es para los que cometen pecado que no sea de muerte. Hay pecado de muerte, por el cual yo no digo que se pida. Toda injusticia es pecado; pero hay pecado no de muerte.

¿Será que estos versículos apoyan la enseñanza de la Iglesia católica romana que para los cristianos hay una posibilidad de cometer pecados que son mortales, esto es, que traen como consecuencia la pérdida de la vida eterna y por ende la muerte eterna? No si estos versículos son correctamente interpretados con el contexto de 1 Juan y el contexto más amplio del resto de las Escrituras.

Dentro de esta epístola, Juan usa el término «hermano» en su sentido amplio; es decir, alguien que ha hecho la profesión de ser cristiano. Por consiguiente se presupone que una fe genuina está presente, aunque esto no esté garantizado. Por ejemplo, en 1 Juan 2:11 Juan dice: «Pero el que aborrece a su hermano está en tinieblas, y anda en tinieblas, y no sabe a dónde va, porque las tinieblas le han cegado los ojos». También dice que «todo aquel que aborrece a su hermano es homicida; y sabéis que ningún homicida tiene vida eterna permanente en él» (1 Juan 3:15). Aunque esta persona sostenga que es un cristiano y un hermano, si su vida es caracterizada por el odio, no puede ser un verdadero cristiano. El tal no tiene vida eterna permanente en sí. Por contraste, un cristiano genuino posee vida eterna que no puede perderse: «Mis ovejas oyen mi voz, y yo las conozco, y me siguen, y yo les doy vida eterna; y no perecerán jamás, ni nadie las arrebatará de mi mano. Mi Padre que me las dio, es mayor que todos, y nadie las puede arrebatar de la mano de mi Padre» (Juan 10:27-29). Aquellos que se convierten en cristianos no pueden perecer. La vida eterna es eterna; es permanente.

Adicionalmente a esto, un verdadero cristiano no practicará o vivirá en pecado: «Todo aquel que es nacido de Dios, no practica el pecado, porque la simiente de Dios permanece en él; y no puede pecar, porque es nacido de Dios» (1 Juan 3: 9). Esto no quiere decir que un cristiano sea perfecto y que nunca vaya a pecar. Lo que significa es que la inclinación en la vida de un verdadero cristiano no será hacia el pecado, sino hacia la santidad. En 1 Corintios 6, Gálatas 5, y Efesios 5, Pablo subraya que aquellos cuyas vidas están marcadas por los pecados no heredarán el Reino de los cielos: no dice que se trata de cristianos que cometieran pecados mortales y que por ello hayan perdido su salvación. Más bien dice que desde un principio nunca fueron cristianos, puesto que practican el pecado, siendo que «ninguno nacido de Dios practica el pecado». Nunca nacieron en Dios, aunque puedan haber profesado ser cristianos.

Así, un cristiano no puede cometer un pecado que lo lleve hacia la muerte en el sentido de la muerte eterna. En estos versículos Juan está hablando de aquellos que, a pesar de haber confesado a Cristo como su Salvador, nunca han experimentado de forma genuina el nuevo nacimiento. En efecto, una de las razones por las que se escribió esta carta era para advertir a los verdaderos creyentes de los engañadores y falsos maestros. Ellos declaraban ser cristianos, pero sus vidas eran incoherentes con su profesión de fe. Caminaban en oscuridad (1:6); no cumplían los mandamientos de Dios (2:3-4); amaban al mundo (2:15-17); vivían en injusticia y pecado (3:4-10); no amaban (3:14-19); y negaban verdades básicas sobre la persona de Jesucristo (2:22-23; 4:2-3; 5:1). Estos hombres conocían la verdad, pero prefirieron rechazarla y abandonarla por completo, y abrazaron deliberadamente un estilo de vida público de pecado. Esta interpretación es consecuente con la enseñanza de otros pasajes de las Escrituras. Por ejemplo, Hebreos 6:4-6 y 10:26 hablan de personas que, luego de haber adquirido el conocimiento de la verdad, se han apartado de la fe y la han abandonado por completo. Es imposible para ellos ser renovados otra vez para el arrepentimiento. Lo único que les queda es afrontar en el futuro el juicio de Dios. Otra vez, Mateo 12:22-32 recoge un incidente que se da cuando los fariseos atribuyen las obras de Jesús al diablo. Esta es una negación deliberada de la verdad y la atribución de la obra del Espíritu Santo a Satanás. Jesús dice que son culpables de un pecado eterno, que nunca puede ser perdonado, porque han endurecido por completo sus corazones contra el testimonio que el Espíritu Santo da de Cristo. Morirán en sus pecados eternamente separados de Dios (Juan 8:24), han cometido un pecado de muerte.

Cuando Juan usa el término «pecado no de muerte», lo que quiere dar a entender es que la perdición de estas personas no está sellada. Todavía tienen tiempo para arrepentirse y encontrar el perdón. Cuando Pablo dice que ciertas personas, cuyas vidas se caracterizan por el pecado, no heredarán el Reino de los cielos, no está diciendo que ellos no pueden arrepentirse y buscar el perdón. Lo que está diciendo es que si esta gente muere en el estado descrito de falta de arrepentimiento, no habiendo sido limpiados por la sangre de Cristo, entonces su condenación está sellada cuando mueren. Hasta el momento de su muerte tienen la oportunidad de arrepentirse. Sin embargo, la persona que comete un pecado de muerte, tiene sellada en ese momento su condenación. Para aquella persona ya no hay oportunidad para el arrepentimiento. Esto es lo que sucedió a un número de fariseos de los días de Jesús.

Por ello Juan no está tratando con verdaderos cristianos en este pasaje sino con aquellos que son falsos hermanos, o falsos maestros. Es imposible que un verdadero cristiano cometa un pecado de muerte en la forma que lo sugiere la Iglesia católica romana, puesto que los verdaderos creyentes no pueden perder la vida eterna, y no vivirían en pecado o negación de la fe.

La verdad es que, en última instancia, no existe en la Biblia una distinción entre pecados mortales y pecados veniales. Todo pecado es ante los ojos de Dios mortal y condena al Infierno. Las consecuencias en el terreno humano con relación a ciertos pecados pueden ser diferentes, pero su consecuencia final es la misma para todo pecado: muerte eterna: «Porque la paga del pecado es muerte» (Romanos 6:23); «El alma que pecare, esa morirá» (Ezequiel 18:20).

Si la paga por el pecado es muerte eterna, entonces no hay por qué hacer una distinción entre castigo eterno o meramente temporal por el pecado. No hay castigo solamente temporal por el pecado. Todo es eterno. Puesto que Cristo pagó por completo el precio por su pueblo, el enseñar que existe un Purgatorio donde se debe castigar a la gente por los pecados veniales es negar la suficiencia de la obra de Cristo, creyendo que la persona puede y debe añadir sus sufrimientos a los sufrimientos de Cristo para ser salva.

En ningún lugar de las Escrituras se enseña la doctrina del Purgatorio. Otra vez, esta es una enseñanza arbitraria de la Iglesia católica romana. En contraste, la Biblia enseña que cuando una persona viene a Jesucristo en arrepentimiento y fe, es inmediatamente liberada de todo juicio, castigo y condenación por los pecados. Se le da de forma inmediata el regalo de la vida eterna, y puede tener la absoluta seguridad de que irá al Cielo cuando muera: «Ahora, pues, *ninguna condenación* hay para los que están en Cristo Jesús» (Romanos 8:1); «De cierto, de cierto os digo: El que oye mi palabra, y cree al que me envió, *tiene vida eterna*; y no vendrá a condenación, mas ha pasado de muerte a vida» (Juan 5:24). Cuando una persona cree en Cristo Jesús, sus pecados son completamente encarados y el castigo que merecen es plenamente pagado.

Ningún sacerdote puede absolvernos de la culpa de nuestros pecados y darnos la aceptación de Dios. Ninguna cantidad de buenas obras puede expiar el castigo por nuestros pecados. Solo la sangre del Hijo de Dios puede expiar adecuadamente nuestros pecados. Las siguientes Escrituras proporcionan una clara prueba de ello:

> Sin derramamiento de *sangre* no se hace remisión (Hebreos 9:22).
>
> «La *sangre* de Jesucristo su Hijo nos limpia de todo pecado» (1 Juan 1:7).
>
> ... sabiendo que fuisteis rescatados de vuestra vana manera de vivir, la cual recibisteis de vuestros padres, no con cosas corruptibles, como oro o plata, sino con la *sangre* preciosa de Cristo, como de un cordero sin mancha y sin contaminación (1 Pedro 1:18-19).
>
> Pues mucho más, estando ya justificados en su *sangre*, por él seremos salvos de la ira (Romanos 5:9).
>
> Porque si la sangre de los toros y de los machos cabríos, y las cenizas de la becerra rociadas a los inmundos, santifican para la purificación de la carne, 14¿cuánto más la *sangre* de Cristo, el cual mediante el Espíritu eterno se ofreció a sí mismo sin mancha a Dios, *limpiará* vuestras conciencias de obras muertas para que sirváis al Dios vivo? (Hebreos 9:13-14).

El perdón y la aceptación de Dios no tienen nada que ver con el esfuerzo humano y las buenas obras. Se efectúan únicamente sobre la base de la muerte de Cristo en la cruz, derramando allí su sangre, y resucitando. La responsabilidad de los hombres es reconocer la suficiencia de aquella obra, reconocer su propia ruina y su falta de habilidad para hacer cualquier cosa que merezca el favor de Dios, y darse la vuelta en fe para recibir al Señor Jesús como su Señor y Salvador. Por esta razón la Biblia dice que somos justificados por fe y no por las obras de la ley. Todos nuestros esfuerzos por guardar la ley terminan en condenación: «Pero sabemos que todo lo que la ley dice, lo dice a los que están bajo la ley, para que toda boca se cierre y todo el mundo quede bajo el juicio de Dios; ya que por las obras de la ley ningún ser humano será justificado delante de él; porque por medio de la ley es el conocimiento del pecado» (Romanos 3:19-20).

El apóstol Pablo insiste en que «por gracia sois salvos por medio de la *fe*; y esto no de vosotros, pues es don de Dios; *no* por *obras*, para que nadie se gloríe» (Efesios 2:8-9).

Es por gracia el que un hombre se salve por fe. Esto descarta por completo toda obra. Pues «gracia» significa el favor inmerecido de Dios. Dios acepta al hombre por medio de la fe en la obra consumada de Jesucristo, y no por medio de los méritos humanos.

Pablo muestra esto cuidadosamente en su carta a los Romanos: «Porque si Abraham fue justificado por las obras, tiene de qué gloriarse, pero no para con Dios. Porque ¿qué dice la Escritura? *Creyó* Abraham a Dios, y le fue contado por justicia»; «mas al que no obra, sino *cree* en aquel que justifica al impío, su *fe* le es contada por justicia» (Romanos 4:2-3; 5); «Concluimos, pues, que el hombre es justificado por *fe* sin las obras de la ley» (Romanos 3:28); «*Justificados*, pues, por la *fe*, tenemos paz para con Dios por medio de nuestro Señor Jesucristo» (Romanos 5:1). La Palabra de Dios enseña que la salvación viene a la persona totalmente aparte de cualquier tipo de obras. La persona es justificada por medio de la fe.

Tal vez exista una objeción en este punto. ¿No dice el capítulo 2 de Santiago que las personas son justificadas por medio de las obras y no solo por medio de la fe? Esta aparente contradicción se resuelve cuando reconocemos que Pablo y Santiago están hablando de la salvación desde dos perspectivas diferentes. Sin embargo, ambos apelan al mismo texto del Antiguo Testamento (Zacarías 2:23; Romanos 4:3). Santiago está tratando el tema de la fe que es necesaria para la salvación (específicamente fe viva *versus* fe muerta). Pablo, en cambio, está tratando el tema de cómo un hombre recibe la justificación (específicamente, cómo un hombre es reconciliado con Dios).

Pablo está diciendo que una persona es salva por gracia por medio de la fe completamente aparte de las obras de la ley. Santiago está diciendo que la verdadera fe salvadora siempre traerá como resultado una vida santa. Una vez que un hombre es justificado, su vida cambiará radicalmente. Santiago está advirtiendo a sus lectores del peligro de una fe que está vacía y muerta, que no trae como resultado una vida cambiada. En efecto, dice que si una persona pretende tener fe, pero no tiene obras, esa clase de fe nunca lo salvará. Ningún hombre puede ser salvo y continuar en el pecado. La verdadera fe salvadora siempre traerá como resultado una vida cambiada, una vida con buenas obras. Pero esas buenas obras no son la base para que un hombre o una mujer puedan merecer la salvación. No son la causa, sino el resultado de ser salvo.

Es también importante hacer una distinción entre ser aceptado por Dios y tener comunión con Dios. La aceptación de un hombre por parte de Dios es algo que está eternamente asegurado en Jesucristo. Una persona no puede perder su salvación, porque esta se basa en la obra de Cristo. Él ha pagado toda la culpa por todos los pecados.

Pero el pecado puede afectar y afecta al cristiano en el gozo de la comunión con Dios. ¿Cómo entonces se resuelve el asunto del pecado y se puede restaurar la comunión con Dios? Por medio de la confesión de ese pecado a Dios de forma directa a través de Cristo, ya que él es nuestro sacerdote y el único mediador entre nosotros y Dios. No usamos mediadores humanos. Vamos solo a través de Jesús, porque el sacerdocio humano ha sido abolido. Y donde hay confesión del pecado y verdadero arrepentimiento, el cristiano experimenta perdón y restauración inmediatos en la comunión con Dios, su padre: «Si confesamos nuestros pecados, él es fiel y justo para perdonar nuestros pecados, y limpiarnos de toda maldad» (1 Juan 1:9).

El perdón y la limpieza de nuestros pecados se aseguran exclusivamente sobre la base de la sangre del Señor Jesucristo. Dios nunca va a perdonarnos y restaurar la comunión con nosotros por causa de las buenas obras y la penitencia. Dios nunca podrá aceptar las buenas obras como pago por el pecado. Hacerlo significaría deshonrar la obra perfecta de su Hijo. La manera de Dios es que una persona confiese su pecado directamente a él, se arrepienta por su pecado, y así reciba por fe la limpieza que da la sangre de Jesucristo. La penitencia nunca puede ser la paga por el pecado. Pero según la Iglesia católica romana, la Biblia ordena que hagamos penitencia. La traducción usada por el Concilio de Trento, la Vulgata Latina, expresa esta enseñanza:

> Ezequiel 18:30: «Convertíos, y *haced penitencia* por todas vuestras iniquidades, y la iniquidad no será vuestra ruina».
>
> Lucas 13:5: «A menos que *hagáis penitencia*, todos pereceréis igualmente».
>
> Hechos 2:38: «*Haced penitencia*, y bautícese cada uno de vosotros».

Un examen de los textos originales en hebreo y griego del Antiguo y Nuevo Testamento muestra de forma aparente que la interpretación de la Vulgata Latina es una mala traducción de estos versículos. En cada caso la palabra traducida «hacer penitencia» significa arrepentimiento. En Ezequiel 18:30, se trata de la palabra hebrea *shub* que significa darse la vuelta, volver, o arrepentirse. Es la misma palabra usada en Isaías 45:22: «Mirad a mí, y sed salvos, todos los términos de la tierra, porque yo soy Dios, y no hay más».

En Lucas 13:5 y Hechos 2:38 la palabra griega que traduce la Iglesia católica como «hacer penitencia» es *metanoeo*, que literalmente significa «cambiar el parecer de alguien, específicamente arrepentirse [...] cambiar de parecer para bien, aborrecer de corazón los pecados del pasado (*Thayer's Greek-English Lexicon of the New Testament* — Léxico de Thayer del Griego del Nuevo Testamento). Arrepentimiento significa reconocer los pecados como una ofensa a Dios y de forma resuelta determinar en el corazón dejar en el olvido los pecados y vivir una vida de santidad delante de Dios. Pero este es un concepto completamente diferente al de tratar de expiar la culpa y el castigo del pecado a través de la penitencia y las buenas obras. Dios quiere arrepentimiento, no penitencia. El tratar de hacer penitencia para agradar a Dios es tratar de reemplazar la obra de Cristo por tus propias obras. También se está diciendo con ello que su obra no fue suficiente.

Para ser justos en presentar de forma precisa lo que la Iglesia católica enseña, es importante puntualizar que las traducciones modernas de las Escrituras realizadas por la Iglesia católica romana usan de forma precisa la palabra arrepentimiento. Pero la influencia de la tradición de la Iglesia es tal que el significado de esta palabra tiene el mismo significado que la palabra «penitencia». Los dos términos son sinónimos en la teología de la Iglesia católica. Las declaraciones que hace John Hardon, S. J. en su *The Question and Answer Catholic Catechism* (El catecismo católico de preguntas y respuestas) muestra claramente lo antes mencionado: «Penitencia significa arrepentimiento o satisfacción por los pecados [...]. La virtud de la penitencia es necesaria para que un pecador pueda ser reconciliado con Dios. Si esperamos su perdón, debemos arrepentirnos. La penitencia es también necesaria, porque debemos expiar y hacer reparación por el castigo que debemos por nuestros pecados. Por eso Cristo nos dice: "*Si no os arrepentís, todos pereceréis igualmente*" (Lucas 13:5)» (13:18; 13:20).

A pesar de que la traducción equivocada usada por el Concilio de Trento puede haber sido abandonada, todavía se retiene el concepto de la penitencia. No es suficiente usar palabras bíblicas, porque es necesario que esas palabras guarden y den un significado que esté de acuerdo con el sentido que la Biblia les da. La Iglesia católica romana usa la palabra «arrepentimiento» para dar a entender algo bastante alejado del significado bíblico y, al hacerlo, guía a hombres y mujeres a confiar en sus propias obras en vez de confiar en la obra consumada de

Cristo. La Palabra de Dios ha sido reemplazada por la palabra de los hombres, porque la obra de Dios ha sido reemplazada por la obra de los hombres.

EL VERDADERO SIGNIFICADO DE MATEO 16:18-19

Si en Mateo 16:18-19 y Juan 20:23 el Señor Jesús no les estaba dando a Pedro y a los otros discípulos la autoridad para perdonar pecados a través de la confesión y la penitencia, ¿entonces qué es exactamente lo que les estaba autorizando a hacer? ¿Qué significan los términos «llaves del reino» y «atar» y «desatar»?

En Mateo 23:2-3 y 13 leemos las palabras de Jesús acerca de los escribas y los Fariseos:

> En la cátedra de Moisés se sientan los escribas y los fariseos. Así que, todo lo que os digan que guardéis, guardadlo y hacedlo; mas no hagáis conforme a sus obras, porque dicen, y no hacen [...] Mas ¡ay de vosotros, escribas y fariseos, hipócritas! porque cerráis el reino de los cielos delante de los hombres; pues ni entráis vosotros, ni dejáis entrar a los que están entrando.

Los comentarios de Loraine Boettner sobre estos versículos son de mucha utilidad en este punto.

> Los escribas y los fariseos tenían en su poder la ley. En ese sentido ellos ocupaban la cátedra de Moisés. Conforme la ley fuera dada fielmente al pueblo o retenida de ellos, el camino al Cielo se abría delante de ellos, o bien se cerraría a ellos. Al no dar los escribas y fariseos la ley al pueblo, cerraban también el Reino del Cielo contra los hombres, no de forma literal, sino figurativa.
>
> «Las llaves del reino» eran una expresión simbólica de las Escrituras del Antiguo Testamento que determinaban la forma de la salvación. El Antiguo Testamento era, por supuesto, la única Escritura que tenían en aquel entonces. Era la responsabilidad de los escribas y los fariseos, quienes eran los custodios

> de las Escrituras, familiarizar al pueblo con aquel conocimiento al poner a disposición de ellos las verdades de las Escrituras. En lugar de ello, no solo fueron negligentes con ese deber, sino que además velaron la claridad de las Escrituras y pervirtieron su significado, de tal forma que las personas que querían ese conocimiento eran privadas del mismo. De forma similar en la dispensación cristiana, a los apóstoles se les dieron las «llaves del reino» (obviamente no un juego de llaves metálicas), no que pudieran admitir a ciertas personas al Cielo con una sola palabra, mientras excluían a otras, sino que, en las palabras de Pablo, se les confiase el evangelio (1 Tesalonicenses 2:4), y así se abría o cerraba el Reino, a medida que proclamaban la Palabra de Vida o la retenían. En ese sentido, todo ministro el día de hoy, y en verdad cada cristiano que enseña la Palabra de Dios, también posee las «llaves» y admite o excluye del Reino. La llave al Reino es el evangelio de Cristo. A Pedro se le dio esta llave, y la utilizó para abrir el Reino a aquellos a quienes él predicó. Nosotros tenemos la misma llave, y debemos usarla de la misma forma, al hacer conocer el mensaje de salvación, y así abrir el camino al Reino de los cielos.
>
> Los poderes de atar y desatar, de perdonar y retener pecados, fueron dados a los apóstoles como proclamadores de la Palabra de Dios, no como sacerdotes. Como hemos mostrado antes, no existía una clase especial de cristianos sacerdotes en la dispensación del Nuevo Testamento. Los apóstoles nunca alegaron tener el poder para perdonar pecados por medio de la absolución, como lo hacen los sacerdotes romanos. Más bien ellos predicaron el evangelio de salvación a través de Cristo: el cual era un poder declarativo, por medio del cual ellos anunciaban los términos de gracia en que dicha salvación era dada a los hombres pecadores (*Roman Catholicism* —Catolicismo romano—, pp. 208-9).

En Mateo 16:18-19 la autoridad dada a Pedro, y luego a los discípulos en general, tiene que ver con que las puertas del Hades no prevalecerán contra la continuación del Reino de Dios. Este es el contexto en el cual las palabras de Jesús fueron pronunciadas. Jesús dijo: «Edificaré mi iglesia; y las puertas del Hades no prevalecerán contra ella» (Mateo 16:18).

La edificación de la Iglesia y la promoción del Reino tienen fundamentalmente que ver con hombres y mujeres que vienen al Reino de Dios. ¿Cómo entran los hombres y las mujeres en el Reino de Dios? Cuando oyen el mensaje del evangelio y responden volviéndose en arrepentimiento y fe a Jesucristo, son llevados inmediatamente al Reino de Dios. Reciben vida eterna y el pleno perdón de sus pecados. Mateo 16:18 no tiene absolutamente nada que ver con la confesión y la penitencia, sino más bien con la autoridad de declarar el evangelio de Cristo a los pecadores y ofrecerles gratuitamente el perdón de los pecados a través del arrepentimiento y la fe en el Señor Jesucristo.

Podemos ver que precisamente así es como entendieron los apóstoles la comisión que Jesús les había dado, y es lo que los apóstoles hicieron a la luz de la comisión del Señor Jesús.

Jesús autorizó a los apóstoles a predicar el arrepentimiento para la remisión de los pecados en su nombre a todas las naciones: «Así está escrito, y así fue necesario que el Cristo padeciese, y resucitase de los muertos al tercer día; y que se predicase en su nombre el arrepentimiento y el perdón de pecados en todas las naciones, comenzando desde Jerusalén» (Lucas 24:46-47).

Se nos ha dicho que el propósito por el cual el Señor Jesús vino al mundo fue para «buscar y a salvar lo que se había perdido» (Lucas 19:10) y a llamar «a pecadores al arrepentimiento» (Lucas 5:32). Esta fue la comisión de su Padre. Cuando él a su vez comisionó a sus discípulos, les dijo: «Como me envió el Padre, así también yo os envío» (Juan 20:21). En Juan 17:18 el Señor Jesús dice: «Como tú me enviaste al mundo, así yo los he enviado al mundo». Por eso, los discípulos fueron comisionados a ir adelante, de la forma como lo hizo Cristo, a buscar y a salvar a los que estaban perdidos por medio de la proclamación del evangelio a los hombres y llamándolos al arrepentimiento y a la fe.

Se nos dice en Marcos 1:14-15 que «Jesús vino a Galilea predicando el evangelio del Reino de Dios, diciendo: El tiempo se ha cumplido, y el reino de Dios se ha acercado; arrepentíos, y creed en el evangelio». El evangelio es un mensaje con autoridad que debe ser predicado a los hombres. Es la proclamación de la persona y la obra de Jesucristo y el llamado a los hombres al arrepentimiento y a que crean en su persona y en la obra que ha realizado por ellos.

Esto fue lo que el Señor Jesucristo comisionó a sus discípulos que hicieran. Y mientras miramos detenidamente la historia de los apóstoles recogida en el libro de Hechos, esto es precisamente lo que encontramos. Los encontramos proclamando el evangelio y llamando a los hombres al arrepentimiento y a la fe; no oyendo confesiones y perdonando pecados, llevando a las personas a hacer penitencia. En ningún lugar de la Biblia se recoge que los apóstoles hubieran perdonado pecados por medio de la confesión auricular.

Los siguientes son ejemplos del libro de Hechos sobre lo que los apóstoles predicaban. Estos muestran claramente lo que ellos entendían ser la comisión de Jesús:

> Sepa, pues, ciertísimamente toda la casa de Israel, que a este Jesús a quien vosotros crucificasteis, Dios le ha hecho Señor y Cristo. Al oír esto, se compungieron de corazón, y dijeron a Pedro y a los otros apóstoles: Varones hermanos, ¿qué haremos? Pedro les dijo: Arrepentíos, y bautícese cada uno de vosotros en el nombre de Jesucristo para perdón de los pecados; y recibiréis el don del Espíritu Santo (2:36-38).

> Mas vosotros negasteis al Santo y al Justo, y pedisteis que se os diese un homicida, y matasteis al Autor de la vida, a quien Dios ha resucitado de los muertos, de lo cual nosotros somos testigos [...] Así que, arrepentíos y convertíos, para que sean borrados vuestros pecados; para que vengan de la presencia del Señor tiempos de refrigerio (3:14-15, 19).

> Y en ningún otro hay salvación; porque no hay otro nombre bajo el cielo, dado a los hombres, en que podamos ser salvos (4:12).

Y nos mandó que predicásemos al pueblo, y testificásemos que él es el que Dios ha puesto por Juez de vivos y muertos. De este dan testimonio todos los profetas, que todos los que en él creyeren, recibirán perdón de pecados por su nombre (10:42-43).

Sabed, pues, esto, varones hermanos: que por medio de él se os anuncia perdón de pecados, y que de todo aquello de que por la ley de Moisés no pudisteis ser justificados, en él es justificado todo aquel que cree (13:38-39).

Huyeron a Listra y Derbe, ciudades de Licaonia, y a toda la región circunvecina, y allí predicaban el evangelio (14:6-7).

Pero Dios, habiendo pasado por alto los tiempos de esta ignorancia, ahora manda a todos los hombres en todo lugar, que se arrepientan; por cuanto ha establecido un día en el cual juzgará al mundo con justicia, por aquel varón a quien designó, dando fe a todos con haberle levantado de los muertos (17:30-31).

... y cómo nada que fuese útil he rehuido de anunciaros y enseñaros, públicamente y por las casas, testificando a judíos y a gentiles acerca del arrepentimiento para con Dios, y de la fe en nuestro Señor Jesucristo (20:20-21).

En las Escrituras queda claro que los apóstoles entendieron que la comisión de Jesús significaba que tenían la autoridad para proclamar el perdón de los pecados y esto consistía en predicar el mensaje del evangelio. No tenía nada que ver con la autoridad de sacerdotes oyendo confesiones y, a través de la absolución, perdonar pecados y asignar penitencias.

La Iglesia católica romana enseña la necesidad de tener sacerdotes, de la confesión, y de la penitencia como resultado de una mala interpretación de la Palabra de Dios. Enseña que Cristo ha establecido a los apóstoles como sacerdotes con la autoridad de sacrificar y perdonar pecados, mientras la Palabra de Dios enseña que todo sacerdocio humano ha sido abolido junto con todo sacrificio, puesto que el sacrificio de Cristo, que fue una vez y para siempre, ha resuelto completamente la pena por los pecados. Pero la Iglesia católica romana enseña que el sacrificio de Jesucristo no es adecuado puesto que no ha remitido por completo el castigo por los pecados.

Consecuentemente la enseñanza católica romana requiere que haya fe más obras para la justificación. Enseña que los méritos ganados en la cruz por Cristo deben ser canalizados y aplicados a nosotros a través de los sacramentos, que solo los sacerdotes pueden administrar. Luego, adicionalmente, nosotros mismos debemos buscar ser merecedores de esos méritos a través de nuestras propias obras, vida moral, oraciones, ayunos, sufrimientos y penitencias. Todo esto reemplaza la obra de Jesucristo por la obra de los hombres. El resultado neto de todo esto es que hombres y mujeres ponen su fe en una iglesia y en sus propias obras morales y religiosas, en vez de ponerla en la persona de Jesucristo. Por eso la Iglesia se llama a sí misma «sacramento Universal de Salvación». Pero sus enseñanzas sobre el sacerdocio, el pecado, la confesión, la penitencia, las indulgencias, el Purgatorio y el perdón son una contradicción directa de las enseñanzas de la Biblia. Roma enseña fe en Jesucristo *más* fe en la Iglesia y méritos humanos u obras para que recibamos la aceptación de Dios. En contraste, la Biblia enseña fe en la persona y en la obra consumada de Jesucristo únicamente.

Claramente, la Iglesia católica romana ha caído en el mismo error que los escribas y los fariseos durante los días de Jesús. Es culpable de enseñar como doctrina los preceptos de los hombres (Marcos 7:7). Jesús dijo a ciertas personas que eran culpables de invalidar la Palabra de Dios por medio de tradiciones (Marcos 7:13). Ya que estas enseñanzas sobre la misa, el sacerdocio, la confesión y la penitencia contradicen la Palabra de Dios, no pueden ser doctrinas bíblicas, sino las enseñanzas y tradiciones que los hombres han concebido. Estas han sido elevadas a una posición de autoridad igual a la mismísima Palabra de Dios. Pero el efecto real de estas doctrinas es que invalidan lo que la Palabra de Dios enseña sobre el sacrificio de Jesucristo, el sacerdocio, el perdón de los pecados y el camino de la salvación.

Los hombres no necesitan el sacrificio de la misa. Jesús es el sacrificio completo. No necesitan la mediación de un sacerdote: Jesús es su sacerdote, el único mediador entre los hombres y Dios. No necesitan la penitencia para recibir el lavamiento y el perdón de sus pecados: solo la sangre de Cristo puede lavarlos y hacerlos limpios otra vez.

¿Qué es lo que tengo que hacer, si la penitencia no me va a ayudar? Vuélvete de tus pecados en arrepentimiento y confianza a Cristo como tu único Salvador y Sacerdote. Recíbelo en tu vida como tu Salvador y sométete a él como tu Señor. Jesús dijo: «Venid a *mí* todos los que estáis trabajados y cargados, y yo os haré descansar. Llevad mi yugo sobre vosotros, y aprended de mí, que soy manso y humilde de corazón; y hallaréis descanso para vuestras almas» (Mateo 11:28-29).

5

La eucaristía

DECLARACIONES AUTORITATIVAS DE LA ENSEÑANZA CATÓLICA ROMANA SOBRE LA EUCARISTÍA[7]

El Concilio de Trento

Sesión XIII: Sobre el santísimo sacramento de la eucaristía

Canon I. Si alguno negare, que en el santísimo sacramento de la eucaristía se contiene verdadera, real y substancialmente el cuerpo y la sangre juntamente con el alma y divinidad de nuestro Señor Jesucristo, y por consecuencia todo Cristo; sino por el contrario dijere, que solamente está en él como en señal o en figura, o virtualmente; sea excomulgado.

Canon II. Si alguno dijere, que en el sacrosanto sacramento de la eucaristía queda substancia de pan y de vino juntamente con el cuerpo y sangre de nuestro Señor Jesucristo; y negare aquella admirable y singular conversión de toda la substancia del pan en el cuerpo, y de toda la substancia del vino en la sangre, permaneciendo solamente las especies de pan y vino; conversión que la Iglesia católica propiamente llama transustanciación; sea excomulgado.

The Question and Answer Catholic Catechism (El catecismo católico de preguntas y respuestas)

1212. ¿Cuál es el centro de toda la liturgia católica?

El centro de toda la liturgia católica es la eucaristía, es lo más importante en la vida de la Iglesia porque esta es Jesucristo, es la encarnación continuada en espacio y tiempo. Todos los demás sacramentos, ministerios y apostolados de la Iglesia están dirigidos hacia la eucaristía.

1214. ¿Qué es el sacramento de la eucaristía?

La eucaristía es un sacramento que real, verdadera y substancialmente contiene el cuerpo y la sangre, el alma y la divinidad de nuestro Señor Jesucristo bajo la apariencia del pan y del vino. Es el gran sacramento del amor de Dios, por el cual Cristo es comido, la mente es llenada de gracia y se nos da una pequeña porción de la futura gloria.

1217. ¿La eucaristía es necesaria para la salvación?

La eucaristía es necesaria para la salvación y debe ser recibida en sacramento o por deseo. Las palabras de Cristo «si no comen la carne del Hijo del Hombre y no toman su sangre, no tendrán vida en ustedes» (Juan 6:53) significan que la santa comunión es necesaria para sostener la gracia en la vida de una persona que ha alcanzado la edad de la razón.

1223. ¿Solamente la sustancia de la naturaleza humana de Cristo está presente en la eucaristía?

Cristo está presente en la eucaristía no solo como todo lo que lo hace hombre, sino también con todo lo que lo hace ser ese ser humano. Por tanto él está presente con todas sus propiedades físicas, manos, pies, cabeza y corazón humanos. Él está presente con su alma humana, con sus pensamientos deseos, y afectos humanos.

1224. ¿Cómo se hace presente Cristo en la eucaristía?

Cristo se hace presente en la eucaristía por medio de la tran-

sustanciación. La transustanciación es el término para identificar el cambio que tiene lugar en la consagración.

RESUMEN DE LAS ENSEÑANZAS CATÓLICAS ROMANAS

De las citas proporcionadas por las fuentes autoritativas acerca de las enseñanzas católicas romanas, podemos apreciar que la eucaristía es el sacramento en el cual el sacerdote tiene el poder para transformar el pan y el vino en el cuerpo y la sangre del Señor Jesucristo, un proceso conocido como la transustanciación. Según la enseñanza católica romana, esto hace posible que el sacerdote ofrezca a Cristo al pueblo para que lo consuman, lo coman literalmente, al igual que para ofrecerlo en sacrificio en el altar. La Iglesia deriva su enseñanza de la interpretación de los pasajes del Evangelio relativos a la última cena, y también de Juan capítulo 6 cuando Jesús habla acerca de comer su carne y tomar su sangre.

Cuando la Iglesia católica romana usa el término «eucaristía», en muchas oportunidades lo vincula a la palabra «sacrificio» para formar la frase «sacrificio eucarístico». Por ello, lo esencial para la eucaristía es la idea del sacrificio. Según el Concilio del Vaticano II, este el mayor propósito de Cristo al instituir la eucaristía: «En la última cena, la noche que fue traicionado, nuestro Salvador instituyó el sacrificio eucarístico de su cuerpo y sangre. Él hizo esto a fin de perpetuar el sacrificio de la cruz a través de los siglos hasta que él vuelva...» (*The Documents of Vatican II* —Documentos del Vaticano II—, p. 154).

Ya hemos visto que la Biblia enseña que no hay más sacrificios (Hebreos 10:18) y que el sacerdocio ha sido abolido. Consecuentemente, la interpretación de la Iglesia católica de Juan capítulo 6 y aquellos pasajes relativos a la última cena no es bíblica. Ya que no hay sacerdocio, no puede haber un poder especial dado a un grupo selecto de hombres por el cual puedan cambiar el pan y el vino literalmente al cuerpo y la sangre de Jesucristo.

¿Pero qué significan estos pasajes de la Escritura? Juan 6:26-65 recoge un incidente en el que Jesús se presenta a los judíos como el pan de vida:

Jesús les dijo: Yo soy el pan de vida; el que a mí viene, nunca tendrá hambre; y el que en mí cree, no tendrá sed jamás [...]. Y esta es la voluntad del que me ha enviado: Que todo aquél que ve al Hijo, y cree en él, tenga vida eterna; y yo le resucitaré en el día postrero [...]. De cierto, de cierto os digo: El que cree en mí, tiene vida eterna. Yo soy el pan de vida (Juan 6: 35, 40, 47- 48).

Jesús da una ilustración para que esta gente pueda entender a qué se refiere con la palabra «creer» que ha usado cinco veces en esta sección: «Este es el pan que desciende del cielo, para que el que de él come, no muera. 51Yo soy el pan vivo que descendió del cielo; si alguno comiere de este pan, vivirá para siempre; y el pan que yo daré es mi carne, la cual yo daré por la vida del mundo» (Juan 6:50-51). Luego Jesús hace la siguiente declaración: «El espíritu es el que da vida; la carne para nada aprovecha; las palabras que yo os he hablado son espíritu y son vida» (Juan 6:63).

Jesús aclara que el significado de sus palabras a los judíos, eran espirituales: «Las palabras que yo os he hablado son espíritu y son vida [...]. La carne de nada aprovecha». Estas palabras no pueden ser interpretadas de forma literal o física, sino de forma espiritual. Jesús les está enseñando lo que significa entrar en una relación espiritual con él. Por ello, cuando les habla de comer su carne y beber su sangre, no está hablando de forma literal. Esta es una forma figurativa para explicar el significado de la fe. La verdadera fe es una apropiación de la vida misma de Jesucristo para nuestras vidas, de tal forma que él personalmente se convierte en la vida misma de nuestras vidas. Jesús no es literalmente pan, pero él se llama a sí mismo pan de vida. Esto es lenguaje figurativo con un significado espiritual. Él continúa diciendo que «el que a mí viene, nunca tendrá hambre; y el que en mí cree, no tendrá sed jamás». Aquí él habla de venir y creer. ¿Qué significa venir y creer en él? Esto significa llegar a una unión espiritual con el Hijo de Dios, de tal forma que se asemeje a comer su carne y beber su sangre. Creer significa mucho más que asentir intelectualmente. Significa la apropiación de la vida misma del Hijo de Dios para mi vida, demostrando que la verdadera fe cristiana involucra venir a una relación vital, viviente, íntima con una persona y no meramente asentir a un juego de doctrinas propuestas por una iglesia.

Cuando Jesús habló con Nicodemo sobre la necesidad de nacer de nuevo, el maestro religioso judío entendió mal la verdad bíblica, viéndolo como algo físico. «¿Cómo he de volver al vientre de mi madre para volver a nacer?». En una forma similar, la Iglesia católica romana interpreta equivocadamente las palabras de Jesús en Juan 6:53-54. Lo hace de una forma totalmente independiente de su contexto y le asigna un significado físico y literal a algo que se pretendía que fuera espiritual y figurativo. Jesús mismo dijo: «Las palabras que yo les he hablado son espirituales. La carne de nada aprovecha». Al sacar los versículos de su contexto, la Iglesia católica romana cae en el mismo error que Nicodemo, dando una interpretación física y literal a una verdad espiritual.

El pasaje entero va desde Juan 6:22 a 6:65, de tal forma que para cualquier interpretación de las palabras de Jesús en los versículos 53-54 se debe incluir todo el contexto en el que se encuentran estas palabras. El interpretar sus palabras, sin hacer una cuidadosa referencia a su contexto, nos lleva a dar a sus palabras un significado que nunca se pretendió.

Existe claramente la intención de que Juan 6:40,47 y 54 sean declaraciones equivalentes:

> Y esta es la voluntad del que me ha enviado: Que todo aquel que ve al Hijo, y cree en él, tenga vida eterna; y yo le resucitaré en el día postrero (Juan 6:40).

> De cierto, de cierto os digo: El que cree en mí, tiene vida eterna (Juan 6:47).

> El que come mi carne y bebe mi sangre, tiene vida eterna; y yo le resucitaré en el día postrero (Juan 6:54).

Los términos «comer» y «beber» ilustran lo que significa creer, y creer en Cristo trae como resultado la vida eterna y el ser resucitado en el día postrero. Recibimos la vida eterna al ejercitar nuestra fe en Cristo, y lo recibimos no de forma física, sino espiritual, en nuestros corazones, para que él se convierta en nuestra vida misma: «Mas a todos los que le recibieron, a los que creen en su nombre, les dio potestad de ser hechos hijos de Dios» (Juan 1:12).

Estas palabras ni remotamente podrían referirse a tomar parte de la eucaristía, puesto que se pronunciaron por lo menos un año antes de que se llevara a cabo la última cena. Jesús estaba declarando la necesidad de creer en él —en un sentido figurativo de comer su carne y beber su sangre— para poder recibir la vida eterna, *en el tiempo en que estas palabras fueron pronunciadas*, no para algún tiempo en el futuro. Él habla en el tiempo presente: «a menos que ustedes coman (esto significa ahora, en el presente), no tienen vida en ustedes». La única forma de que la Iglesia católica romana llegue a su enseñanza de la transustanciación es explicando los versículos en Juan 6:53-54 fuera de contexto y asignándoles una interpretación física relacionada luego con el pasaje que relata la última cena.

Transustanciación significa cambiar de sustancia. La Iglesia católica romana enseña que toda la sustancia del pan y del vino se transforma en el cuerpo y la sangre de Jesucristo. Esta enseñanza está basada en las palabras de Jesús en Mateo 26:26-28: «Tomad, comed; esto es mi cuerpo». La Iglesia católica romana enseña que estas palabras deben ser interpretadas de forma completamente literal. Ellos creen que en su mandamiento de «hagan esto en conmemoración mía», Jesús los estaba autorizando y además dándoles el poder a los apóstoles de ser sacerdotes para continuar con esta práctica de la transustanciación, que podían ofrecer a Cristo a las personas de forma literal para que lo comiesen y además fuera continuamente sacrificado por sus pecados.

Sin embargo, se hace obvio que Jesús no estaba hablando de forma literal, sino de forma figurativa. Él hacía esto con frecuencia cuando enseñaba, y la Biblia misma está llena de enseñanzas figurativas. Loraine Boettner expresa esto de manera muy acertada:

> Creemos que el verdadero significado de las palabras de Cristo puede verse cuando se comparan con un leguaje figurativo similar...
>
> Él dijo: «Yo soy la puerta» (Juan 10:7); pero obviamente no estaba infiriendo que en realidad él era una puerta de madera con su cerradura y sus bisagras. Él dijo: «Yo soy la vid» (Juan 15:5); pero a nadie se le pasó por la cabeza que él fuera una parra.
>
> Cuando dijo: «Yo soy el buen Pastor» (Juan 10:14), él no quiso decir que fuera en realidad un pastor. Cuando dijo: «Tienen que volver a nacer» (Juan 3:7), no se refería a un nuevo nacimiento físico, sino espiritual. Cuando dijo: «Destruyan este templo, y yo lo levantaré en tres días» (Juan 2:19), hablaba de su cuerpo, no de la estructura de madera y piedra... Él dijo: «Ustedes son la sal de la tierra» (Mateo 5:13), y: «Ustedes son la luz del mundo» (Mateo 5:14). Él habló de «la levadura de los fariseos y los saduceos» (Mateo 16:6). (*Roman Catholicism* —Catolicismo romano—, pp. 177-78).

En todo el Antiguo Testamento Dios habla de sí mismo de forma figurativa, como si poseyera brazos, manos, ojos y orejas. En el Salmo 91:4 podemos leer que tiene «alas y plumas», pero sabemos que Dios es Espíritu y no físico. No tiene carne, huesos o plumas. Este es un lenguaje figurativo. De manera similar, ninguna de estas enseñanzas o declaraciones de Jesús deben tomarse de forma literal, tienen un sentido figurado. Este es el caso de la última cena. Las palabras de Jesús son figurativas.

> Los relatos de la institución de la Cena del Señor, tanto en los Evangelios como en la carta de Pablo a los Corintios, aclaran perfectamente que él habló en términos figurativos. Jesús dijo: «Esta copa es el nuevo pacto en mi sangre» (Lucas 22:20). Y Pablo cita a Jesús como si dijera: «Este es el nuevo pacto en mi sangre [...] porque cada vez que coman este pan, y beban este vino, proclaman la muerte del Señor hasta que él vuelva» (1 Corintios 11:25-26). En estas palabras él usó un doble sentido figurativo. La copa

sustituye al vino, y al vino se lo llama el nuevo pacto. La copa no era literalmente el nuevo pacto, a pesar de que se declara serlo categóricamente, al igual que se declara que el pan es su cuerpo. Ellos no bebieron literalmente la copa, ni bebieron literalmente el nuevo pacto... Ni el pan era literalmente su cuerpo, o el vino su sangre. Luego de dar el vino a los discípulos, Jesús dijo: «No beberé del fruto de la vid, hasta que haya venido el reino de Dios» (Lucas 22:18). Así que el vino, aun al dárselo a ellos, y después de dárselo, siguió siendo «el fruto de la vid». También Pablo dice que el pan sigue siendo pan: «De manera que cualquiera que comiere este pan o bebiere esta copa del Señor indignamente [...]. Por tanto, pruébese cada uno a sí mismo, y coma así del pan, y beba de la copa (1 Corintios 11:27-28). Ningún cambio había acontecido en los elementos. Esto fue posterior a la oración de consagración, cuando la Iglesia católica romana supone que se operó el cambio, mientras que Jesús y Pablo declaran que los elementos todavía son pan y vino (Boettner, p. 176).

Las palabras de Cristo a sus discípulos no siempre deben ser entendidas de forma literal. Él estaba inaugurando una fiesta conmemorativa, por la cual sus discípulos podrían tener continuamente en sus mentes su sacrificio. Las palabras de Jesús mismo: «Hagan esto en *conmemoración* mía», demuestran que esta era una comida conmemorativa, parecida a la de la Pascua judía. Esta debía ser una cena conmemorativa, por la cual los cristianos continuamente podrían tener delante de ellos el sacrificio del Señor por ellos.

La enseñanza de la Iglesia católica romana sobre la eucaristía, como el cuerpo y la sangre de Jesús de forma literal, y los significados en virtud de los cuales él debe ser sacrificado continuamente en el altar y luego ofrecido como la fuente de vida eterna, es completamente contradictoria con la verdad de la Palabra de Dios. Ya no hay sacerdocio o sacrificio, y las palabras de Jesús son figurativas y espirituales, más bien que literales y físicas.

6

El bautismo

DECLARACIONES AUTORITATIVAS DE LAS ENSEÑANZAS CATÓLICAS ROMANAS SOBRE EL BAUTISMO[8]

El Concilio de Trento

Sesión VII: Sobre los sacramentos en general

Canon V. Si alguno dijere, que se instituyeron estos sacramentos con solo el preciso fin de fomentar la fe; sea excomulgado.

The Question and Answer Catholic Catechism (El catecismo católico de preguntas y respuestas)

1140. ¿Qué es el bautismo?

El bautismo es el sacramento del renacimiento espiritual. A través del acto simbólico de lavarse con agua y el uso de las palabras rituales apropiadas, la persona bautizada es limpiada de todos sus pecados e incorporada a Cristo. Se profetizó en Ezequiel: «Esparciré sobre vosotros agua limpia, y seréis limpiados de todas vuestras inmundicias; y de todos vuestros ídolos os limpiaré. Os daré corazón nuevo y pondré espíritu nuevo dentro de vosotros» (Ezequiel 36:25-26).

1151. ¿Cuáles son los efectos del bautismo?

Los efectos del bautismo son que se quita la culpa del pecado y se remueve todo el castigo por el pecado, se confiere gracia y regeneración y se infunden las virtudes, es la incorporación a Cristo y a su Iglesia, recibiendo el carácter bautismal y el derecho al Cielo.

1152. ¿Qué pecado es el que limpia el bautismo?

El bautismo remite la culpa de todos los pecados, es decir, sea que se trate del pecado original heredado de Adán a la hora de la concepción o del pecado actual que comete la persona que llega a la edad de uso de razón. No importa la frecuencia y la gravedad del pecado actual, su culpa es totalmente remitida en el bautismo. Todo esto es el puro regalo de Dios, ya que Pablo escribe: «No fue por otra cosa que su por su compasión, que nos salvó, por medio del lavamiento de las aguas del renacimiento» (Tito 3:5).

EL BAUTISMO

En nuestro estudio sobre las diferentes enseñanzas de la Iglesia católica romana, hemos regresado una y otra vez a un principio básico para la interpretación bíblica: ya que la Biblia es la Palabra infalible de Dios, no se puede contradecir a sí misma. Dios mismo es el autor y, por tanto, la Biblia es internamente coherente.

Esto no puede resaltarse demasiado, porque el descuido de este principio ha guiado a la Iglesia católica romana a falsas enseñanzas y al error con respecto a la misa, el sacerdocio, la penitencia, la confesión, y la eucaristía. Todo su plan de salvación está fundado sobre una interpretación incorrecta de las Escrituras. En ningún otro lugar es tan evidente como en la enseñanza sobre el bautismo.

Viendo las fuentes autoritativas, es evidente que la Iglesia católica romana enseña que cualquiera que se bautiza con agua es regenerado o nacido de nuevo. Por medio del bautismo con agua se convierten en cristianos, nacen en la familia de Dios y se convierten en hijos de Dios.

El término técnico de esta enseñanza es «regeneración bautismal». Pero esta enseñanza está directamente opuesta a la enseñanza de la Palabra de Dios.

Por ejemplo, en 1 Juan 3:9 se nos dice lo siguiente: «Todo aquel que es nacido de Dios, no practica el pecado, porque la simiente de Dios permanece en él; y no puede pecar, porque es nacido de Dios».

Este versículo expone muy claramente que cuando una persona es nacida de nuevo en Dios, él o ella no va a practicar el pecado. Esto no significa que aquellos que vuelvan su corazón hacia Dios llevarán vidas perfectas, sino que no vivirán en pecado. El pecado no será la práctica habitual en sus vidas, por cuanto han recibido un nuevo corazón y con él una completamente nueva disposición orientada hacia la santidad y el odio al pecado. La inclinación general en sus vidas será caracterizada por la santidad. Esto no es solo la enseñanza de un único pasaje en las Escrituras, sino el acento principal en todo el Nuevo Testamento (véase, por ejemplo, Romanos 8:4-9; 1 Corintios 6:9-11; Efesios 2:1-10; 5:5; Gálatas 5:19-21; Santiago 2:14-26; 1 Juan 2:3-4,15-16; 3:6-10,14; 4:7-8).

Esto significa que si el bautismo en agua hace que una persona nazca de Dios (o sea regenerada), entonces toda persona que sea bautizada vivirá una vida de santidad delante de Dios. Ya no practicará el pecado.

Pero nuestra propia experiencia y las observaciones que hemos hecho de las vidas de muchas personas que se han bautizado en agua prueban que el bautismo en agua no produce el nuevo nacimiento. Hay multitudes de personas que han sido bautizadas y viven en pecado. Practican el pecado.

Estoy hablando por experiencia personal. Fui bautizado en la Iglesia católica romana cuando era infante y, sin embargo, a medida que crecía, mi vida estaba marcada por el pecado de forma muy obvia. Practicaba el pecado, era inmoral, rebelde, mentiroso. Maldecía, blasfemaba, contaba chistes sucios, leía literatura impura, vivía para mí mismo, y prácticamente era un alcohólico cuando tenía diecinueve años de edad. Sin embargo, fui bautizado. Pero obviamente, según la Palabra de Dios, el bautismo no me hizo nacer de nuevo, porque aquel que verdaderamente nace de nuevo no practica el pecado. Mi experiencia puede ser multiplicada innumerables veces en la experiencia de otras personas que han sido bautizadas en agua, pero cuyas vidas nunca han sido transformadas.

El bautismo en agua no produce el nuevo nacimiento. Enseñar esto significa contradecir el testimonio de las Escrituras al mismo tiempo que la experiencia práctica y el testimonio de muchas personas que han sido bautizadas. ¿Pero qué hay de aquellos pasajes de la Biblia que parecen indicar que el bautismo en realidad parece producir vida espiritual en el corazón de los hombres y las mujeres y que hace que nazcan de nuevo?

Cuando la Biblia se refiere al bautismo, no siempre significa el bautismo en agua. Las Escrituras enseñan que, además del bautismo en agua, existe el bautismo en el Espíritu, que no tiene nada que ver con el del agua. En este bautismo del Espíritu Santo, una persona que antes estaba separada de Dios es unida a él, de tal forma que él y Cristo se vuelven una sola persona. Sus vidas están unidas por una unión insoluble. Pablo habla de esto cuando dice: «Porque por un solo Espíritu fuimos todos bautizados en un cuerpo» (1 Corintios 12:13). Nuestras vidas se unen a Cristo a través de la obra bautismal del Espíritu Santo. Nuevamente, esta es una unión que se efectúa espiritualmente a través de un bautismo espiritual, del cual el agua es un signo externo.

Este concepto de que el bautismo del Espíritu es diferente e independiente del bautismo en agua puede apreciarse plenamente en la analogía de la circuncisión. La Palabra de Dios nos dice que la circuncisión fue instituida por Dios como una señal y sello de su pacto con Abraham: «... y recibió la circuncisión como señal, como sello de la justicia de la fe que tuvo estando aún incircunciso» (Romanos 4:11). D. Martyn Lloyd-Jones da una explicación del sentido de la circuncisión:

> ¿Cuáles eran las razones por las cuales se dio la circuncisión? Primero, la circuncisión era un signo externo dado a Abraham como un sello de la justicia que él había recibido catorce años

> atrás. «Sellar» es autenticar. Esto se ilustra en otros lugares de la Biblia. Recordemos lo que se nos dice en Juan 6, versículo 27: «... porque a este señaló Dios el Padre». Todos los comentaristas concuerdan que esta declaración se refiere al bautismo de nuestro Señor, y significa que en su bautismo fue públicamente sellado con la señal del Espíritu Santo que descendió en forma de paloma sobre él. La palabra «sello» se usa exactamente de la misma forma que cuando se refiere al Espíritu Santo en Efesios 1:13-14: «En él también vosotros, habiendo oído la palabra de verdad, el evangelio de vuestra salvación, y habiendo creído en él, fuisteis sellados con el Espíritu Santo de la promesa, que es las arras de nuestra herencia hasta la redención de la posesión adquirida, para alabanza de su gloria». El Espíritu Santo nos sella con la promesa de Dios de nuestra redención final y de recibir nuestra gran herencia en la gloria. Al tener el Espíritu Santo, sé que todas las promesas que Dios me ha hecho ya son mías en un sentido muy real. Me ha sido sellado. Lo que el apóstol está diciendo aquí es que actúa en la misma forma que la circuncisión a Abraham como señal para autenticar la imputación de justicia a él catorce años antes.
>
> En otras palabras, esto enseña que la circuncisión de por sí no le hizo nada a Abraham. Su verdadera razón de ser era asegurar la promesa a Abraham; para sellársela. Entonces estamos en lo correcto al decir que la circuncisión no desempeñó ningún papel en la justificación de Abraham. Ciertamente, es justo lo contrario. La justificación es la base sobre la cual se da la circuncisión (*Romans: Atonement and Justification* —Romanos: expiación y justificación—, 1970, pp. 184-85).

La circuncisión no tenía más propósito que ser un signo y una señal. Una señal externa de la realidad interna de la fe que ya estaba en el corazón de Abraham, y un sello de la promesa de Dios. Romanos 4:9-12 aclara que la circuncisión no fue la causa de la regeneración y justificación de Abraham, porque fue justificado por fe antes de que fuera circuncidado, y el argumento de Pablo en este capítulo 4 de Romanos es que la aceptación y el perdón de Dios vienen solamente por fe, y que son completamente independientes de la circuncisión. Esboza este argumento porque en los días de Cristo los judíos habían pervertido el significado de la circuncisión al punto de enseñar que la circuncisión era la causa de que una persona se convirtiera en hijo de Dios. Pero Pablo muestra la falsedad de esta enseñanza no solo con el ejemplo de Abraham, sino también haciendo una diferenciación entre la circuncisión física y externa, y la circuncisión interna espiritual que se recibe en el corazón por el Espíritu:

> Pues no es judío el que lo es exteriormente, ni es la circuncisión la que se hace exteriormente en la carne; sino que es judío el que lo es en lo interior, y la circuncisión es la del corazón, en espíritu, no en letra; la alabanza del cual no viene de los hombres, sino de Dios (Romanos 2:28-29).

La circuncisión física no hace a nadie un verdadero judío. Una circuncisión espiritual en el corazón, hecha por el Espíritu, es lo que hace que esto suceda. Como Pablo resalta aquí, es posible ser circunciso en la carne, pero incircunciso espiritualmente y, por consiguiente, en verdad no ser hijo de Dios. La verdadera circuncisión es en el corazón, y el rito físico externo es para señalar una realidad espiritual en el corazón. Charles Hodge hace hincapié en este punto cuando dice:

> La [circuncisión] significa la limpieza del pecado, de la misma forma en que lo hace el bautismo. Por ello leemos, incluso en el Antiguo Testamento, de la circuncisión en el corazón (Deuteronomio 10:16, Jeremías 4:4; Ezequiel 44:7). Por ello, labios incircuncisos son labios impuros, y un corazón incircunciso es un corazón no limpio (Éxodo 6:12; Levítico 26:41. Véase, además, Hechos 7:51). Pablo dice que la verdadera circuncisión no es la externa en la carne, sino la que está en el interior, en el corazón, hecha por el Espíritu (Romanos 2:28-29) [...]. Su propósito principal era señalar y sellar la promesa de liberación del pecado a través de la redención que iba a efectuarse por la simiente prometida de Abraham (Charles Hodge, *Systematic Theology* —Teología Sistemática—, 1873, Volumen III, pp. 554-55).

Aquello que es tan cierto para el judío con relación a la circuncisión lo es para el cristiano y el bautismo. Simplemente sustituyan la palabra judío por la de cristiano y la palabra circuncisión por la de bautismo (Romanos 2:28-29).

> Pues no es cristiano el que lo es exteriormente, ni es el bautismo el que se hace exteriormente en la carne; sino es cristiano el que lo es en lo interior, y el bautismo es el del corazón, en espíritu, no en letra; la alabanza del cual no viene de los hombres, sino de Dios.

Los judíos creían que la circuncisión física era lo que hacía a alguien hijo de Dios. Pablo niega esto e insiste en que debe haber una circuncisión espiritual en el corazón, hecha por el Espíritu Santo. La Iglesia católica romana cae en el mismo error en el que cayeron los judíos, al enseñar que el rito externo y físico del bautismo en las aguas producirá la regeneración y constituirá a la persona que se bautiza en un hijo de Dios. Pero no es el bautismo físico el que produce el nuevo nacimiento. Esto solo puede conseguirse por el bautismo en el Espíritu, por medio del cual somos unidos de forma permanente a la persona de Cristo.

Charles Hodge hace el siguiente comentario:

> Dios es Espíritu, y requiere de aquellos que le adoran, que le adoren en espíritu y en verdad. Los ritos externos nada son [...]. «Pues no es judío el que lo es exteriormente, ni es la circuncisión la que se hace exteriormente en la carne; sino que es judío el que lo es en lo interior, y la circuncisión es la del corazón, en espíritu, no en letra; la alabanza del cual no viene de los hombres, sino de Dios» (Romanos 2:28-29). Este no es meramente un hecho, sino un principio. Lo que S. Pablo dice aquí de la circuncisión y los judíos lo ha dicho sustancialmente S. Pedro con relación al cristianismo y el bautismo. Un hombre que es cristiano solo externamente no es cristiano; y el bautismo que salva no es el lavamiento del cuerpo con agua, sino la conversión del

> alma (1 Pedro 3:21). La idea de que el estado del hombre delante de Dios dependa de cualquier cosa externa, del nacimiento, de la membresía de una organización visible, o de un rito o ceremonia externa, es aborrecible a la religión de la Biblia (*Systematic Theology* —Teología Sistemática—, Volumen III, p. 521).

De la misma forma en que la circuncisión era una señal y un sello para Abraham de la transformación espiritual que había sucedido en su corazón, así en la dispensación del Nuevo Testamento el bautismo es una señal y un sello espiritual de la transformación que tiene lugar en el corazón por medio del Espíritu Santo. Es un testimonio público del lavamiento de los pecados y una nueva vida que se halla en él. Pero el bautismo en agua no tiene el efecto de este cambio interno de regeneración; simplemente es el testimonio público de la transformación que ocurre por la gracia de Dios.

> Es claro que el bautismo no puede ser el medio ordinario de regeneración, o el medio para transmitir, en primera instancia, los beneficios de la redención a las almas de los hombres, porque, en el caso de los adultos, la fe y el arrepentimiento, según las Escrituras, son los frutos de la regeneración. El que se arrepiente delante de Dios y tiene fe en el Señor Jesucristo se encuentra en el estado de salvación antes del bautismo y, por tanto, en un estado de regeneración. Consecuentemente, la regeneración precede al bautismo, y no puede ser su efecto, según las ordenanzas de Dios. No se puede negar que los apóstoles requerían la profesión de fe y el arrepentimiento antes del bautismo. Esto queda claro no solo por su práctica documentada, sino por la naturaleza de la ordenanza. El bautismo es una profesión de fe en el Padre, el Hijo, y el Espíritu Santo; no de una fe que se obtenga por medio de la ordenanza, sino de una fe que ya mora en la persona. Cuando el eunuco pidió a Felipe que lo bautizara, él dijo: «Si crees con todo tu corazón, bien puedes». Se dice de los que escucharon el sermón de Pedro en Pentecostés que «los que recibieron su palabra fueron bautizados» (Hechos 2:41) (Charles

Hodge, *Systematic Theology* —Teología Sistemática—, Volumen III, p. 601).

Como ya se puntualizó anteriormente, Abraham era un hombre justificado mucho antes de que fuera circuncidado. En la misma forma, un verdadero cristiano es aquel que ha recibido el bautismo interior en el Espíritu antes de bautizarse ritualmente en el agua. La persona no se somete al bautismo en agua para experimentar la regeneración, sino porque la regeneración ya ha sucedido. Vemos una ilustración de esto en el primer capítulo del Evangelio de Juan:

> Mas a todos los que le recibieron, a los que creen en su nombre, les dio potestad de ser hechos hijos de Dios; 13los cuales no son engendrados de sangre, ni de voluntad de carne, ni de voluntad de varón, sino de Dios (Juan 1:12-13).

Juan se refiere aquí a ser nacidos de Dios y convertirse en hijos de Dios. Está hablando acerca del nuevo nacimiento. Está diciendo que el nuevo nacimiento está relacionado directamente con recibir a Jesucristo y creer en él. El nuevo nacimiento no depende del bautismo, sino de la obra del Espíritu, que tiene como resultado el que una persona reciba a Jesucristo en su vida. La regeneración no se puede disociar de Jesucristo mismo y de entablar una relación personal con él como Señor y Salvador. La Palabra de Dios nos dice que hay dos condiciones que deben satisfacerse si una persona quiere tener una relación con Jesucristo: estas son el arrepentimiento y la fe, por las cuales la persona se vuelve del pecado y abraza a Jesucristo y su todosuficiente sacrificio.

ROMANOS 6:3-5

Uno de los principales pasajes de las Escrituras que usa la Iglesia católica romana para apoyar su enseñanza de que el bautismo en agua da como resultado la regeneración está en Romanos 6:3-5. Estos versículos dicen lo siguiente:

> ¿O no sabéis que todos los que hemos sido bautizados en Cristo Jesús, hemos sido bautizados en su muerte? Porque somos sepultados juntamente con él para muerte por el bautismo, a fin de que como Cristo resucitó de los muertos por la gloria del Padre, así también nosotros andemos en vida nueva. Porque si fuimos plantados juntamente con él en la semejanza de su muerte, así también lo seremos en la de su resurrección.

Estos versículos ciertamente hablan del bautismo. Pero no debemos perder de vista que cuando las Escrituras usan el término «bautismo», esto siempre conlleva la idea del bautismo del Espíritu como su realidad subyacente. El apóstol Pedro aclara esto cuando dice: «El bautismo que corresponde a esto ahora nos salva (no quitando las inmundicias de la carne, sino como la aspiración de una buena conciencia hacia Dios) por la resurrección de Jesucristo» (1 Pedro 3:21). Pedro es cuidadoso al advertir a sus lectores de la noción equivocada de que la salvación es derivada por la simple aplicación de agua físicamente a la piel, cuando específicamente dice: «No quitando las inmundicias de la carne». Y continúa para conectar el bautismo con la idea de «la aspiración de una buena conciencia hacia Dios por la resurrección de Jesucristo». Obviamente, se debe entender mucho más cuando se usa el término bautismo que simplemente aplicar agua. Matthew Henry saca esto a relucir en sus comentarios sobre este pasaje:

> La salvación de Noé dentro del arca en las aguas prefiguró la salvación de todos los buenos cristianos en la Iglesia por medio del bautismo; esta salvación temporal en el arca era un prototipo de la salvación eterna de los creyentes por el bautismo, para prevenir errores sobre lo cual, los apóstoles declaran el significado del bautismo salvador; no la ceremonia externa del lavamiento de la carne con agua, que, en sí misma, no hace más que retirar la suciedad de la piel, sino que es ese bautismo en el cual hay una respuesta fiel o nueva estipulación de una buena conciencia determinada, empeñada en creer y consagrarse enteramente a Dios, Padre, Hijo y Espíritu Santo, renunciando al

> mismo tiempo a la carne, al mundo y al diablo. El pacto bautismal, hecho y guardado, ciertamente nos salvará. El lavamiento es la señal visible; esto es lo que se simboliza.
>
> El apóstol muestra que la eficacia del bautismo para salvación no depende de la obra hecha, sino de la resurrección de Cristo, lo que supone su muerte, y es el fundamento de nuestra fe y esperanza, a las que nos conformamos al morir a los pecados y resucitar a una vida nueva de santidad [...]. La participación externa en el bautismo no salvará a nadie que no tenga como respuesta una buena conciencia y conducta. Debe haber la respuesta de una buena conciencia delante de Dios. (*Matthew Henry's Commentary on the Whole Bible* —Comentario de Matthew Henry a toda la Biblia—, Volumen 6, pp. 1026-27).

Aquí en Romanos 6, Pablo no solo se refiere al bautismo con agua, sino también a la realidad espiritual que subyace el simbolismo del bautismo en agua: la identificación con Cristo que tiene lugar cuando una persona es bautizada por el Espíritu Santo en Cristo y la nueva vida que viene como resultado de la regeneración. No está describiendo meramente el bautismo en agua en este punto, porque el acento en todo este capítulo está en que aquellos que son bautizados en Cristo, que es lo que significa el bautismo en agua, son liberados del pecado y caminan en una nueva vida como esclavos de la justicia (Romanos 6:4, 17-18). Pero, de nuevo, esto es algo que no se logra a través del bautismo en agua; es una obra supernatural del Espíritu Santo en el corazón del hombre y la mujer.

Cuando tiene lugar el bautismo del Espíritu, la persona es unida a Cristo y es identificada con Jesús en su muerte, sepultura y resurrección. La vida misma de Cristo se convierte en su vida. Y el resultado de esta unión es una vida completamente transformada. El contexto de Romanos 6:3-5 tiene que ver con la imposibilidad de que un cristiano esté viviendo bajo el dominio del pecado. Los dos versículos precedentes (Romanos 6:1-2) dicen lo siguiente:

> ¿Qué, pues, diremos? ¿Perseveraremos en el pecado para que la gracia abunde? En ninguna manera. Porque los que hemos muerto al pecado, ¿cómo viviremos aún en él?

Pablo está diciendo que ya que un verdadero cristiano ha sido unido a Cristo por medio de la obra bautismal del Espíritu Santo, es imposible para esa persona vivir en pecado, o como dice 1 Juan 3:9, practicar el pecado.

Romanos 6:4 dice que la persona que ha sido unida a Jesucristo caminará en vida nueva, porque, como dice Romanos 6:5, ha sido unida «en la semejanza de su resurrección». Además, Romanos 7:4 nos dice que un cristiano ha sido unido a Cristo para que pueda llevar fruto para Dios, lo que significa una vida justa o santa. Por ello, ser bautizado en Cristo es ser unido a él en el poder de su resurrección y tener el fruto de santidad o justicia para con Dios en nuestra vida. La clase de bautismo al que se refiere el capítulo 6 de Romanos siempre resulta en una vida santa. Esta persona no vivirá en pecado.

Pero ya hemos visto que una persona puede haber sido bautizada en agua y seguir viviendo en pecado. Por ello debe haber una diferencia distintiva entre el bautismo de agua y el bautismo del Espíritu. El bautismo de agua no trae como resultado el bautismo del Espíritu, por el cual una persona es unida a Cristo y es nacida de nuevo, puesto que una persona puede ser bautizada con agua y aún practicar el pecado en su vida, mientras que la persona que es bautizada por el Espíritu Santo en Cristo no practicará el pecado en su vida.

Esto no resta importancia al bautismo en agua. Pero solo cuando va acompañado por el poder purificador del Espíritu, somos salvos (véase 1 Pedro 3:21). El bautismo en agua, pues, es una imagen externa de una obra interna de gracia por el Espíritu Santo. No produce el nuevo nacimiento, sino que es un testimonio público de la necesidad y la naturaleza del nuevo nacimiento.

Por tanto, existe una muy clara distinción hecha por la Palabra de Dios con relación al bautismo en agua y el bautismo que es espiritual y efectuado por el Espíritu de Dios en el corazón.

JUAN 3:3-5

Este pasaje de las Escrituras es uno de los pasajes a los que constantemente alude la Iglesia católica romana como base para sus enseñanzas sobre la regeneración bautismal.

> Jesús le respondió [a Nicodemo]: De cierto, de cierto te digo, que el que no naciere de nuevo, no puede ver el reino de Dios. Nicodemo le dijo: ¿Cómo puede un hombre nacer siendo viejo? ¿Puede acaso entrar por segunda vez en el vientre de su madre, y nacer? Respondió Jesús: De cierto, de cierto te digo, que el que no naciere de agua y del Espíritu, no puede entrar en el reino de Dios.

Jesús dice que debemos nacer de nuevo, de lo contrario no entraremos en el Reino de los cielos. Le dice a Nicodemo que un hombre debe nacer «de agua y del Espíritu». ¿Qué significa esto exactamente? ¿Está Jesús hablando del bautismo en agua cuando usa la palabra «agua»? Existen tres razones que sugieren que esto no es así.

Primero, Jesús no podría estar hablando del bautismo en agua, porque tal interpretación haría que la Palabra de Dios se contradijese. La Biblia enseña que el bautismo de agua no produce que una persona nazca de nuevo. Segundo, Jesús está hablando a Nicodemo, quien es judío, y el bautismo cristiano todavía no había sido instituido. Tercero, ya que Jesús está hablando con Nicodemo, el término debe ser interpretado en su contexto. El término «agua» tenía un significado determinado para Nicodemo, quien no solo era judío, sino también un aventajado en el aprendizaje del Antiguo Testamento, ya que no solo era *un* maestro, si no *el* principal maestro, en Israel. A la luz de estos hechos, ¿qué significado podría tener el término «agua» para Nicodemo? Los comentarios del profesor John Murray sobre Juan 3:5 son muy útiles en este punto:

> Ahora bien, ¿qué idea podríamos esperar que se hubiera proyectado en la mente de Nicodemo por el uso de la palabra «agua»?

Obviamente, ¡la idea asociada con el uso religioso del agua en el Antiguo Testamento y en las tradiciones y prácticas religiosas que proveyeron el trasfondo mismo de la vida y profesión de Nicodemo! Y eso simplemente significa el papel religioso del agua en el Antiguo Testamento, en los ritos del judaísmo y en las prácticas contemporáneas. Cuando decimos esto, hay una sola respuesta. El uso religioso del agua, es decir, el significado religioso simbólico del agua, apuntaba en una dirección, y esa dirección era la purificación. Todas las consideraciones relevantes conspirarían para transmitir a Nicodemo este mensaje, que sería enfocado en su mente en un pensamiento central, la indispensable necesidad de purificación para entrar en el Reino de Dios.

En el Antiguo Testamento, el agua con frecuencia significaba lavar y purificar la contaminación del pecado (Salmo 51:2-3; Isaías 1:16; Jeremías 33:8; Ezequiel 36:25; Zacarías 13:1) [...]

Juan 3:5 establece los dos aspectos del nuevo nacimiento que deben considerarse: purifica la suciedad de nuestros corazones y se manifiesta en una vida nueva. Los dos elementos de este texto —«nacer de agua» y «nacer del Espíritu»— se corresponden con el equivalente del Antiguo Testamento: «Esparciré sobre vosotros agua limpia, y seréis limpiados de todas vuestras inmundicias; y de todos vuestros ídolos os limpiaré. Os daré corazón nuevo, y pondré espíritu nuevo dentro de vosotros; y quitaré de vuestra carne el corazón de piedra, y os daré un corazón de carne» (Ezequiel 36:25-26). Este pasaje puede considerarse correctamente como el paralelo veterotestamentario de Juan 3:5, y no hay ni razón ni justificación para dar otra interpretación a «nacer de agua» que la que se da en Ezequiel 36:25: «Esparciré sobre vosotros agua limpia, y seréis limpiados de todas vuestras inmundicias» (*Collected Writings of John Murray* —Escritos compilados de John Murray—, Volumen 2, 1977, pp. 182-84).

A Nicodemo, el término «agua» le dio la idea de limpieza de la culpa y la contaminación del pecado. En Juan 3:5 el término «agua» se refiere a la limpieza de la culpa del pecado, como Pablo dice, en forma similar, en Tito 3:5: «Nos salvó no por obras de justicia que nosotros hubiéramos hecho, sino por su misericordia, por el lavamiento de la regeneración y por la renovación en el Espíritu Santo» Este «lavamiento» tiene lugar a través de la obra de Cristo por nosotros (véase Apocalipsis 1:5).

La base para nuestra entrada al Reino de Dios es nuestro lavamiento, nuestra limpieza, nuestra purificación de la culpa y la remisión de los pecados por medio de la sangre de Jesucristo. El Espíritu de Dios es en realidad el agente por medio del cual somos regenerados, que nos comunica la nueva vida al unirnos a Cristo. Por ello, él nos lleva al Reino de Dios, limpios y hechos nuevos por medio de la sangre de Jesús. Esto se amplía más en Juan 3:14-16:

> Y como Moisés levantó la serpiente en el desierto, así es necesario que el Hijo del Hombre sea levantado, para que todo aquel que en él cree, no se pierda, mas tenga vida eterna. Porque de tal manera amó Dios al mundo, que ha dado a su Hijo unigénito, para que todo aquel que en él cree, no se pierda, mas tenga vida eterna.

En los días de Moisés se puso una serpiente de bronce en un poste de madera y luego se levantó a fin de que aquellos que la miraran no muriesen. De la misma forma, el Hijo de Dios debía ser levantado, es decir, clavado a la cruz de madera, y levantado para morir por los pecados del mundo. Porque de tal manera amó Dios al mundo, que dio a su Hijo unigénito, para que todo aquel que cree en la suficiencia de ese sacrificio de sangre no muera eternamente, sino tenga vida eterna.

Nacer de nuevo es poseer la vida eterna. Jesús dijo que una persona debía nacer de nuevo para entrar en el Reino de los cielos. La base sobre la cual una persona nace de nuevo es la expiación del sacrificio de Cristo en la cruz. Él fue levantado de la misma manera en que fue levantada la serpiente. La salvación se vuelve nuestra cuando ejercitamos la fe en este sacrificio. En el contexto de Juan 3, por consiguiente, la regeneración no tiene nada que ver con el agua en sí.

CONCLUSIÓN

De la forma en que Nicodemo solo podía pensar en términos materiales cuando Jesús habló de volver a nacer y empezó a hablar de entrar otra vez en el vientre de su madre, así la Iglesia católica romana relega el nuevo nacimiento al simple ritual mecánico de ser rociado con agua física y le roba su significado y realidad espirituales.

El hacer esto es totalmente contradictorio con las enseñanzas de la Palabra de Dios con relación al bautismo y el nuevo nacimiento. Lamentablemente, hay una multitud de personas que son engañadas para creer que si se han bautizado ya han nacido de nuevo. Pero cometen el mismo error que cometieron los judíos en los días de Pablo, cuando igualaron a la circuncisión con la vida espiritual. Aquellos judíos, a pesar de hacerlo con sinceridad, estaban completamente equivocados en su creencia y enseñanza, y lo mismo puede decirse de las enseñanzas la Iglesia católica romana con relación al bautismo.

7

El catolicismo romano, los judaizantes, y el libro de Gálatas

Las enseñanzas de Iglesia católica romana sobre la misa, el sacerdocio, la confesión, la penitencia, la eucaristía, y el bautismo se combinan para formar un sistema de salvación. La Iglesia alega que si hombres y mujeres se bautizan en la Iglesia católica y se adhieren a sus enseñanzas en estas áreas, esto puede guiarlos al camino de la salvación. En la enseñanza católica romana, el bautismo, la misa, el sacerdocio, la penitencia y la eucaristía son todos necesarios para la salvación.

Sin embargo, como hemos visto en nuestros estudios, hay un enorme contraste entre las enseñanzas de la Iglesia católica romana y las enseñanzas de la Biblia. Solo esto es ya suficiente para descalificar a la Iglesia católica romana como una verdadera iglesia cristiana, capaz de dirigir a los hombres al camino de la salvación, porque el profeta Isaías dijo: «¡A la ley y al testimonio! Si no dijeren conforme a esto, es porque no les ha amanecido» (Isaías 8:20).

Por el hecho de que las enseñanzas de Roma contradicen las enseñanzas de la Palabra de Dios acerca del verdadero camino de la salvación, podemos decir de forma concluyente que la Iglesia católica romana enseña un falso evangelio y un falso camino de salvación. Esto puede verse claramente a partir de las enseñanzas de Pablo en su carta a los Gálatas.

Gálatas contiene un lenguaje muy fuerte. Es una carta de

advertencia y juicio. Su tema principal es el evangelio de Cristo; su intención principal es defender el evangelio de su perversión por parte de falsos maestros. Ciertos hombres que habían entrado en la vida de la iglesia de los gálatas habían empezado a enseñar errores sobre el camino de la salvación, y a esparcir un falso evangelio. Bajo la inspiración del Espíritu Santo y bajo intensa indignación y emoción, Pablo escribe una carta en la cual defiende el verdadero evangelio, expone el error de los falsos maestros y pronuncia una maldición divina contra cualquiera que distorsione el evangelio de Jesucristo.

El evangelio que estos falsos maestros profesaban era esencialmente idéntico al que profesa la Iglesia católica romana en sus enseñanzas sobre la salvación. ¿Cómo se puede demostrar esto? Pablo comienza su carta, definiendo su preocupación de forma muy clara:

> Estoy maravillado de que tan pronto os hayáis alejado del que os llamó por la gracia de Cristo, para seguir un evangelio diferente. No que haya otro, sino que hay algunos que os perturban y quieren pervertir el evangelio de Cristo. Mas si aun nosotros, o un ángel del cielo, os anunciare otro evangelio diferente del que os hemos anunciado, sea anatema. Como antes hemos dicho, también ahora lo repito: Si alguno os predica diferente evangelio del que habéis recibido, sea anatema (Gálatas 1:6-9).

Estas son palabras muy fuertes en verdad. Las falsas enseñanzas que habían sido abrazadas, juntamente con sus maestros, cayeron bajo una maldición divina. ¿Por qué tanta severidad? Porque las cuestiones en juego sobre la pureza del evangelio tienen que ver con la gloria de Dios y los destinos eternos de hombres y mujeres. Si ese evangelio es distorsionado de alguna forma o pervertido, el resultado sería que los hombres fuesen eternamente condenados y además le estaría robando a Dios su gloria.

¿Quiénes eran estas personas a las que denunció Pablo de la forma más fuerte posible? ¿Y cuál era la esencia de su «evangelio», que produjo una distorsión en el verdadero evangelio? Antes que nada, Pablo les dice a los gálatas que, al aceptar estas falsas enseñanzas, estaban abandonando al Dios que los llamó por la gracia de Cristo (Gálatas 1:6). La gracia es un favor inmerecido. El favor de Dios para con nosotros no puede ser merecido por nada que hagamos: «El verdadero evangelio es en su esencia lo que Pablo llamó en Hechos 20:24 "el evangelio de la gracia de Dios" [...]. Nada es debido a nuestros esfuerzos, méritos u obras; todo en la salvación es debido a la gracia de Dios» (J. R. W. Stott, *The Message of Galatians* —El mensaje de Gálatas—, 1968, p. 22).

Los falsos maestros que habían invadido esta iglesia eran un grupo de judaizantes, cuyas enseñanzas involucraban el intento de combinar el cristianismo con los elementos esenciales de la religión judía. Enseñaban que una persona debía creer en Jesús, pero que adicionalmente la persona debía circuncidarse y guardar las leyes morales y ceremoniales dadas a través de Moisés. Pablo hace referencia en esta carta a varios elementos de las enseñanzas de los judaizantes, incluyendo la circuncisión, la observancia de los días festivos, y la ley de Moisés:

> He aquí, yo Pablo os digo que si os circuncidáis, de nada os aprovechará Cristo [...]. De Cristo os desligasteis, los que por la ley os justificáis; de la gracia habéis caído [...] porque en Cristo Jesús ni la circuncisión vale algo, ni la incircuncisión, sino la fe que obra por el amor (Gálatas 5:2,4,6).

> Todos los que quieren agradar en la carne, éstos os obligan a que os circuncidéis, solamente para no padecer persecución a causa de la cruz de Cristo. Porque ni aun los mismos que se circuncidan guardan la ley; pero quieren que vosotros os circuncidéis, para gloriarse en vuestra carne. Pero lejos esté de mí gloriarme, sino en la cruz de nuestro Señor Jesucristo, por quien el mundo me es crucificado a mí, y yo al mundo. Porque en Cristo Jesús ni la circuncisión vale nada, ni la incircuncisión, sino una nueva creación (Gálatas 6:12-15).

> Mas ahora, conociendo a Dios, o más bien, siendo conocidos por Dios, ¿cómo es que os volvéis de nuevo a los débiles y pobres rudimentos, a los cuales os queréis volver a esclavizar? Guardáis los días, los meses, los tiempos y los años. Me temo de vosotros, que haya trabajado en vano con vosotros (Gálatas 4:9-11).

> Sabiendo que el hombre no es justificado por las obras de la ley, sino por la fe de Jesucristo, nosotros también hemos creído en Jesucristo, para ser justificados por la fe de Cristo y no por las obras de la ley, por cuanto por las obras de la ley nadie será justificado [...]. No desecho la gracia de Dios; pues si por la ley fuese la justicia, entonces por demás murió Cristo (Gálatas 2:16,21).

Por eso J. R. W. Stott tiene razón al decir:

> Los falsos maestros [...] no negaban que debían creer en Jesús para la salvación, pero añadían que también hay que ser circuncidado y guardar la ley. En otras palabras, hay que dejar que Moisés termine la obra que ha iniciado Cristo. Hay que añadir nuestras obras a la obra de Cristo. Hay que completar la obra incompleta de Cristo (p. 22).

Pero Pablo denuncia esto en términos no inciertos, porque eso es añadir el mérito humano al mérito de Cristo. Es un sistema de fe en Cristo más obras humanas. Pablo dice que esto es pervertir el evangelio de la gracia de Dios.

La palabra griega que se traduce como «distorsionar» o «pervertir» puede significar «revertir». Estos falsos maestros estaban revirtiendo el evangelio al cambiar su carácter de forma radical. Estaban presentando un evangelio totalmente diferente de aquel que fue dado por Dios, con el resultado de que si alguna persona creía este evangelio, estaría creyendo una mentira y moriría eternamente. Consecuentemente, una maldición divina, el anatema, fue pronunciado en contra de estos falsos maestros y sus enseñanzas. En contraste, el verdadero evangelio es el de la gracia de Dios, por el cual un hombre es justificado delante de Dios y aceptado por él únicamente a base de los méritos de la vida, muerte y resurrección de Jesucristo, aparte de cualquier obra o méritos humanos, y se recibe solo por fe.

A lo largo de Gálatas 2:11-16, Pablo menciona la verdad del evangelio. ¿Cuál es la verdad? «Las buenas noticias son que nosotros los pecadores, culpables bajo el juicio de Dios, podemos ser perdonados y aceptados por su pura gracia, su favor gratuito e inmerecido, sobre la base de la muerte de su Hijo y no por alguna obra o méritos nuestros» (Stott, p. 54). Los judaizantes, sin embargo, estaban pervirtiendo totalmente esta enseñanza de gracia al añadirle el elemento de las obras humanas. Esto era Jesús más judaísmo. No era simplemente Cristo: «La salvación es un don gratuito de Dios, recibido por medio de la fe en el Cristo crucificado, sin importar el mérito humano [...] los judaizantes no podían aceptar el principio de [...] «la sola fe». Insistían en que el hombre debía contribuir con algo para su salvación. Por eso ellos estaban añadiendo a la fe en Jesús «las obras de la ley» como otra base esencial para ser aceptados por Dios» (Stott, p. 85).

¿Qué queremos decir cuando manifestamos que los judaizantes estaban añadiendo a la fe en Jesús las obras de la ley como otra base esencial para la aceptación de Dios? Esencialmente, que los judaizantes estaban enseñando que para que un hombre fuera salvo no solo tenía que creer en Jesús como el Hijo de Dios y Mesías que vino a morir por los pecados, sino que también tenía que volverse judío. Esto significaba que la persona debía circuncidarse y adherirse a toda la ley mosaica con sus ceremonias.

Para que podamos entender plenamente cómo las enseñanzas de los judíos pervertían el evangelio y cómo específicamente se relacionan con las enseñanzas del catolicismo romano, es esencial que entendamos algunos detalles de la adoración en el templo de la religión judía. El templo era una réplica exacta del tabernáculo que los judíos usaron para adorar en el desierto, excepto que este templo era estático y exactamente el doble de tamaño que el tabernáculo. Éxodo capítulos 26 al 30 dan una descripción detallada del tabernáculo, los artículos que contenía, y la adoración dirigida por los sacerdotes y el sumo sacerdote. El libro de Levítico y Hebreos 9:1-9 también dan más detalles de la adoración en el templo y todo lo que implica.

El tabernáculo era una estructura rectangular alargada [...] dividida internamente en dos compartimientos. Uno era el lugar santísimo, al cual absolutamente nadie entraba, ni siquiera el sacerdote excepto en ocasiones muy extraordinarias [...]. En este se ponía el propiciatorio, cubierto por un querubín, y en él se colocaba el arca que contenía las tablas de la ley. Frente a este había otra cámara llamada el lugar santo [...] apropiado para el uso de los sacerdotes. En él estaba el *candelabro* de oro en un lado, la mesa del *pan de la proposición* en el lado opuesto y en el centro el altar del *incienso*.

El atrio del tabernáculo estaba rodeado de cortinas de tela [...] en la mitad externa se situaba el *altar* de los holocaustos, y entre este y el tabernáculo estaba la *fuente* en la cual los *sacerdotes* se lavaban las manos y los pies cuando entraban en el templo (*Smith's Dictionary of the Bible* —Diccionario bíblico de Smith—, Volumen 4, pp. 3193-95).

La adoración ceremonial judía incluye, por tanto, los siguientes elementos: un altar, sacrificios diarios, una fuente de agua, sacerdotes, un sumo sacerdote, vestiduras y mantos especiales para los sacerdotes y sumos sacerdotes (Éxodo 28), velas, incienso y el pan de la proposición. Luego, en la vida religiosa rutinaria del judío medio, habría días festivos, limosnas, oraciones, ayunos y adhesión a ciertas restricciones dietéticas y leyes.

Todo esto estaba incluido en las enseñanzas de los judaizantes. Era Jesús más el sistema judío. ¿Pero cómo se relaciona todo esto con el catolicismo romano? La esencia de lo que enseñaban los judaizantes está incluida en las enseñanzas del catolicismo romano. El mismo error está vestido con diferente atuendo. La Iglesia católica romana enseña que la salvación se consigue creyendo en Jesús como el Hijo de Dios que murió por los pecados del mundo, siendo bautizado, uniéndose a la

Iglesia católica romana, cumpliendo los Diez Mandamientos, y participando de los sacramentos, lo cual implica un sistema sacrificial, altares, sacerdotes, un sumo sacerdote y el ejercicio de buenas obras tales como la oración, ayunos, caridad, penitencia y, hasta hace poco, adhesión a restricciones dietéticas.

En su *Question and Answer Catholic Catechism* (Catecismo católico de preguntas y respuestas), John Hardon, S. J. hace la siguiente declaración acerca de la naturaleza de la salvación:

> 412. ¿Es la Iglesia necesaria para la salvación?
> Sí, la Iglesia es necesaria para la salvación.
>
> 492. ¿Es la fe en lo revelado por Dios suficiente para la salvación?
> No, también debemos guardar sus Mandamientos. Como Cristo mismo nos dijo: «Si quieres entrar en la vida, guarda los mandamientos» (Mateo 19:17).
>
> 493. ¿Cómo guardamos los mandamientos de Dios?
> Guardamos los mandamientos de Dios al vivir una buena vida moral.
>
> 1119. ¿Son los sacramentos necesarios para la salvación?
> Según la forma en que Dios ha querido que seamos salvos, los sacramentos son necesarios para la salvación.
>
> 1074. ¿Qué es la gracia habitual o santificadora?
> La gracia habitual o santificadora es una cualidad sobrenatural que mora en el alma humana, por la cual la persona comparte la naturaleza divina, se vuelve templo del Espíritu Santo, un amigo de Dios, su hijo adoptivo, un heredero de la gloria del Cielo y *capaz de realizar acciones para merecer la vida eterna* [el énfasis es mío].
>
> 1179. ¿Es el bautismo en agua necesario para la salvación?
> Comúnmente la Iglesia enseña que el bautismo en agua es

necesario para la salvación de aquellos que no han alcanzado el uso de razón.

1217. ¿Es la eucaristía necesaria para la salvación?
La eucaristía es necesaria para la salvación, y se ha de recibir sacramentalmente o en deseo[9].

Es bastante claro a partir de esto que, para el catolicismo romano, solo la fe en Cristo no es suficiente para la salvación. También es necesario guardar los Diez Mandamientos, ser bautizado, hacerse miembro de la Iglesia católica romana y participar de los sacramentos. No es solo Jesús, sino Jesús más todas las demás cosas. En cuanto a su significado, todas estas otras cosas son prácticamente idénticas al sistema y las enseñanzas de los judaizantes. Nótese el siguiente paralelo entre la Iglesia católica romana y los judaizantes:

LOS JUDAIZANTES	LA IGLESIA CATÓLICA ROMANA
1. Creer en Jesús como el Mesías y el Hijo de Dios.	1. Creer en Jesús como el Mesías y el Hijo de Dios.
2. Circuncisión.	2. Bautismo
3. Hacerse judío	3. Hacerse católico romano
4. Sistema sacrificial	4. Sistema sacrificial
5. Sacerdotes	5. Sacerdotes
6. Sumos sacerdotes	6. Papas
7. Altares	7. Altares
8. Fuente de agua	8. Pilas de agua bendita
9. Días festivos	9. Días festivos
10. Regulaciones dietéticas	10. Regulaciones dietéticas (hasta hace poco)
11. Velas	11. Velas
12. Incienso	12. Incienso
13. Pan sin levadura	13. Hostia
14. Guardar los Diez Mandamientos	14. Guardar los Diez Mandamientos
15. Tradición de los ancianos	15. Tradiciones de los Padres de la Iglesia

El paralelismo es muy obvio. La enseñanza del catolicismo romano sobre la salvación y, por consiguiente, su evangelio es esencialmente lo que Pablo condena en los judaizantes, por lo cual pronuncia un anatema. Las palabras de J. R. W. Stott merecen repetirse: «Los judaizantes no podían aceptar el principio de [...] "sola fe". Insistían en que el hombre debía contribuir con algo para su salvación. Por ello estaban añadiendo a la fe en Jesús "las obras de la ley" como otra base esencial para ser aceptados por Dios» (Stott, p. 85).

Por eso, la misma acusación que Pablo lanzó contra los judaizantes puede lanzarse contra la Iglesia católica romana. El mensaje de Gálatas es directamente aplicable a la Iglesia católica romana, porque su evangelio es el mismo que el de los judaizantes. Por esto no puede haber unidad entre la Iglesia católica romana y los verdaderos cristianos. Pablo ciertamente no vio ninguna base para la unidad entre él y los judaizantes. Como dijo Stott: «Cuando el tema entre nosotros es trivial, tenemos que ser lo más flexibles que se pueda. Pero cuando la verdad del evangelio está en juego, debemos mantener nuestra posición [...]. Si hay hombres que se oponen a la verdad del evangelio, no debemos dudar en oponernos a ellos» (Stott, p. 57-58).

¿Consideraba Pablo que los judaizantes eran verdaderos cristianos? ¡Obviamente que no! Ellos estaban pervirtiendo el evangelio y guiando a las personas a la perdición. ¿Es la Iglesia católica romana verdaderamente cristiana? Sobre la base de todas las cosas contrarias a la Biblia que enseña, y en vista del hecho de que en efecto se trata de un sistema judaizante moderno, la respuesta tendría que ser un enfático ¡*no*!

Al igual que Pablo dijo que aquellos que aceptaban las enseñanzas de los judaizantes estaban abandonando el evangelio, así es el caso de aquellos que se adhieren a las enseñanzas de la Iglesia católica romana. Pablo dijo que incluso si un ángel del Cielo viniera a predicar el evangelio de los judaizantes, este debía ser maldito y rechazado. Estas son palabras severas, pero es Dios el Espíritu Santo quien las ha inspirado y no debemos tratar de justificar sus palabras.

Al encarar la verdad de las enseñanzas de Pablo, nos vemos

obligados a concluir: que las enseñanzas del catolicismo romano y de los judaizantes son, en importantes aspectos, prácticamente idénticas. Sobre la base de sus propias declaraciones oficiales y autoritativas de doctrina, es obvio que las enseñanzas de la Iglesia católica romana y las de la Palabra de Dios están diametralmente opuestas la una a la otra. Para aceptar una hay que rechazar la otra. Adherirse a las enseñanzas de la Iglesia católica romana sobre la salvación es aceptar las enseñanzas de un sistema judaizante que ha sido denunciado por Dios en Gálatas, porque es un falso evangelio. Engaña a los hombres para que piensen que están caminando en la verdad cuando de hecho se han apartado de ella.

Esto no significa que aquellos que enseñan la doctrina católica romana sean personas insinceras o engañadoras a sabiendas. Los judaizantes eran sinceros, morales y extremadamente religiosos. Pero estaban terriblemente engañados. Cuando se trata del evangelio, su verdad debe mantenerse en pureza, sin sustraer o añadir nada, y la lealtad al evangelio debe preceder a la lealtad hacia la gente y hacia una iglesia, porque lo contrario es ser desleal a Dios. La sinceridad no puede ser la prueba final por la cual midamos la aceptación de un maestro espiritual o una organización. El criterio máximo es siempre la coherencia con la verdad revelada de la Palabra de Dios. Los líderes y maestros religiosos pueden ser sinceros, y a la vez estar sinceramente equivocados.

En las relaciones de Jesucristo con los escribas y los fariseos encontramos una advertencia muy seria y que escudriña nuestros corazones, y hacemos bien si la tomamos en consideración. Es esta: es posible que una persona se consagre a un sistema religioso llamado «cristiano» pero que, cuando sea probado por las Escrituras, demuestre no ser verdadero cristianismo en absoluto.

Si nos adherimos a las enseñanzas de los hombres que están opuestas a la Palabra de Dios, entonces toda nuestra adoración y nuestra vida religiosa es en vano, no importa cuán sinceros podamos ser. Nuestra adoración debe basarse en la verdad (Juan 4:24).

El Señor Jesucristo tenía estas palabras para los líderes religiosos de sus días:

> Este pueblo de labios me honra, Mas su corazón está lejos de mí. Pues en vano me honran. Enseñando como doctrinas mandamientos de hombres. Porque dejando el mandamiento de Dios, os aferráis a la tradición de los hombres (Marcos 7:6-8).

Aun así, los escribas y los fariseos eran sinceros. Eran celosos en su vida moral y religiosa. Sin embargo, su adoración era en vano, no les beneficiaba en nada. No los llevaba a Dios, puesto que elevaron las enseñanzas de los hombres por encima de la verdad de la Biblia, y distorsionaron y malinterpretaron la Palabra de Dios, adhiriéndose a enseñanzas y tradiciones de los hombres antes que a la verdad de la Palabra de Dios.

Como hemos visto, las enseñanzas de la Iglesia católica romana sobre la salvación contradicen la Biblia. Su enseñanza son las tradiciones de los hombres elevadas a una posición por encima de la Palabra de Dios. Adherirse a estas enseñanzas es ponerse bajo el juicio que profesó Jesús contra los escribas y los fariseos. Es adorar en vano.

Si una persona desea conocer a Dios, experimentar perdón y poder adorarlo en Espíritu y en verdad, es esencial que comprenda lo que la Biblia enseña sobre la salvación, y cómo se puede apropiar de ella. En la siguiente sección veremos muy de cerca la verdadera salvación bíblica y lo que debemos hacer para ser salvos.

II PARTE

EL CAMINO DE LA SALVACIÓN

8

Definición del problema del hombre

En los capítulos anteriores hemos visto que la enseñanza de la Iglesia católica romana sobre la salvación se opone a la clara enseñanza de la Palabra de Dios. Sin embargo, es importante no solo ver los puntos de la Biblia que contradicen a la Iglesia católica romana, sino también que nosotros tengamos un claro entendimiento de lo que es el verdadero evangelio.

La Biblia nos dice que el camino de la salvación se encuentra en el mensaje del evangelio. Pablo dijo: «Porque no me avergüenzo del evangelio, porque es poder de Dios para salvación a todo aquel que cree; al judío primeramente, y también al griego» (Romanos 1:16). El evangelio es el mensaje de Dios para la salvación, que está centrado en la persona y la obra de Jesucristo. Declara la base y los medios por los cuales los hombres pueden ser liberados de la culpa y el poder del pecado.

Si vamos a entender verdaderamente el mensaje del evangelio y la obra de la salvación que él ha logrado de hecho, debemos entender antes que nada por qué es necesaria la salvación.

La Biblia nos enseña que hemos sido creados por Dios, y que él sustenta nuestra existencia: «En él vivimos, y nos movemos, y somos» (Hechos 17:28). Más aún, «él es quien da a todos vida y aliento y todas las cosas» (Hechos 17:25). Podemos respirar, hablar, pensar, y actuar solo porque Dios sustenta nuestras vidas. Todo lo que somos y hacemos es un regalo suyo. La Palabra de Dios también nos aclara que los hombres han sido creados con un propósito específico: «Todo fue creado por medio de él y para él» (Colosenses 1:16). Hemos sido creados para vivir para su gloria y para hacer su voluntad. Pero los hombres han rechazado el propósito para el cual han sido creados. Viven para sí mismos, en vez de hacerlo para la gloria de Dios. Esto es lo que la Biblia define como la esencia del pecado: «Por cuanto todos pecaron, y están destituidos de la gloria de Dios» (Romanos 3:23).

El libro de Daniel hace un relato de un rey llamado Belsasar que estaba en medio de una borrachera orgiástica una noche, cuando de pronto una mano apareció en el aire y escribió un mensaje en la pared. Era un mensaje de Dios a un hombre que se había alejado hacía tiempo de Dios y ahora vivía para sí mismo. Este es el mensaje que Daniel le comunicó:

> El Altísimo Dios, oh rey, dio a Nabucodonosor tu padre el reino y la grandeza, la gloria y la majestad [...]. Mas cuando su corazón se ensoberbeció, y su espíritu se endureció en su orgullo, fue depuesto del trono de su reino, y despojado de su gloria; [...] hasta que reconoció que el Altísimo Dios tiene dominio sobre el reino de los hombres, y que pone sobre él al que le place. Y tú, su hijo Belsasar, no has humillado tu corazón, sabiendo todo esto; sino que contra el Señor del cielo te has ensoberbecido [...] diste alabanza a dioses de plata y oro, de bronce, de hierro, de madera y de piedra, que ni ven, ni oyen, ni saben; y al Dios en cuya mano está tu vida, y cuyos son todos tus caminos, nunca honraste (Daniel 5:18, 20-23).

La acusación fundamental contra Belsasar no fue su impureza, su borrachera, su glotonería o su avaricia. Mientras que estas sí son pecaminosas, solo son el fruto de la raíz de su pecado: su actitud de autodependencia, egoísmo y autoexaltación; en una palabra, su orgullo. Rehusó humillar su corazón ante Dios, quien le dio aliento, y decidió no vivir para su gloria.

¿Cómo deben vivir los hombres para la gloria de Dios? Solo al hacer la voluntad de Dios revelada en los Diez Mandamientos. Dios es un ser moral, que demanda que sus criaturas cumplan su propósito al vivir un cierto tipo de vida. Somos responsables delante de Dios por nuestra moral, por la forma en que vivimos. Algún día rendiremos cuentas a Dios de esto.

El Señor Jesús contó una parábola acerca de un hombre muy rico, que estaba consumido por su deseo de acumular bienes a fin de tener gran seguridad y la libertad de buscar una vida de placer:

> También les refirió una parábola, diciendo: La heredad de un hombre rico había producido mucho. Y él pensaba dentro de sí, diciendo: ¿Qué haré, porque no tengo dónde guardar mis frutos? Y dijo: Esto haré: derribaré mis graneros, y los edificaré mayores, y allí guardaré todos mis frutos y mis bienes; y diré a mi alma: Alma, muchos bienes tienes guardados para muchos años; repósate, come, bebe, regocíjate. Pero Dios le dijo: Necio, esta noche vienen a pedirte tu alma; y lo que has provisto, ¿de quién será? (Lucas 12:16-20).

La Biblia no hace constar que este hombre fuera inmoral, borracho o ladrón. Y a pesar de ello era un pecador. No tuvo en cuenta su responsabilidad esencial ante Dios. Su vida entera giraba alrededor de sí mismo. No vivía para la gloria de Dios. Vivía para sí mismo. Su dios no era el Dios que lo creó. Su dios era el materialismo. Finalmente llegó la hora en que aquellas terribles palabras fueron pronunciadas por Dios mismo: «Necio esta noche vienen a pedir tu alma». El día de dar cuentas llegó para el hombre en la parábola de Jesús, y sin duda llegará para todos nosotros. En verdad, «de toda palabra ociosa que hablen los hombres de ella darán cuenta en el día del juicio» (Mateo 12:36). Hay un día de juicio, y todos los hombres son moralmente responsables ante Dios su Creador.

El más grande y más importante de los mandamientos es el primero: «Yo soy Jehová tu Dios [...] no tendrás dioses ajenos delante de mí» (Éxodo 20:2-3). Por eso, cuando a Jesús se le preguntó cuál era el mayor de los mandamientos él dijo: «Amarás al Señor tu Dios con todo tu corazón, con toda tu alma, con toda tu mente» (Mateo 22:37). Podemos resumir estos dos mandamiento diciendo: Dios debe ser el centro de la vida. No debe haber otros dioses. El tener algo en mi corazón y mi vida que yo ame más que a Dios, o que lo desplace de tal forma que yo viva para esa persona o cosa en vez de vivir para él, es idolatría. La ley de Dios declara que el principio fundamental para que la voluntad de Dios sea cumplida en nuestras vidas, es que Dios debe tener el lugar que por derecho le corresponde en nuestros corazones.

En 1 Juan 3:4 se nos da una definición del pecado: «infracción de la ley». Esto significa desplazar la voluntad de Dios por nuestra voluntad. El pecado es egoísmo: Dios no gobierna y dirige la vida: uno mismo lo hace. Dios no es el centro de la vida: uno mismo lo es. En vez de vivir cumpliendo la voluntad de Dios y glorificándolo, vivimos para satisfacer nuestra voluntad y glorificarnos a nosotros mismos. Nos alejamos de Dios como el Señor de nuestras vidas, y seguimos por nuestro propio camino.

Cuando nuestra actitud básica frente a Dios es de rebelión, o de obstinación y de autocomplacencia, el resultado es una conducta de actos específicos que transgreden la ley. Pero el pecado no solo involucra lo que hacemos externamente; incluye nuestras motivaciones, actitudes y pensamientos; en otras palabras, lo que somos internamente. Por ejemplo, el Señor Jesucristo nos dice que si un hombre siquiera mira a una mujer con lujuria en su corazón, a los ojos de Dios ha cometido adulterio (Mateo 5:28); y si un hombre está enojado con otra persona comete homicidio (Mateo 5:21-22)

Porque los hombres han desplazado a Dios de sus corazones para que la inclinación de sus vidas sea la obstinación, es por lo que todo lo que puede salir de sus vidas son acciones, pensamientos, motivos, actitudes y forma de hablar egoístas. Porque si el fundamento está contaminado desde la base, todo lo que sale de ahí está contaminado. Consecuentemente, las vidas de los hombres están dominadas por tales pecados como los siguientes:

> Enojo, celos, envidia, pensamientos y acciones impuros, historias y chistes impuros, maledicencia, odio, orgullo, mentira, ambiciones egoístas, robo, ambición, embriaguez, codicia, amor al dinero, autoexaltación, autopromoción, inmoralidad, adulterio, homosexualidad, violencia, asesinato, rebelión contra la autoridad, buscar la alabanza de los hombres, falta de amabilidad, crueldad, arrogancia, malicia, chismes... (Gálatas 5:19-21; 1 Corintios 6:9-10; Romanos 1:18; Efesios 5:3-6).

Desde luego, podríamos extender esta lista. Pero la idea es la siguiente: si el fundamento de la relación con Dios y una persona está equivocado —porque no es divino—, todo su comportamiento es incorrecto. Todo el ser de una persona que está apartada de Dios está gobernado por el egoísmo.

J. I. Packer define claramente la naturaleza del pecado cuando escribe:

> Las palabras que nuestras biblias traducen como «pecado», tanto en el Antiguo como en el Nuevo Testamento, significan errar el blanco, no alcanzar un nivel, o no obedecer a la autoridad. Y el nivel no alcanzado, el blanco errado, el camino abandonado, la trasgresión de la ley, desafiar la autoridad, son en todos los casos contra Dios. Dios y su voluntad son la medida para el pecado. El pecado es desviarse del camino que él ha mandado (Éxodo 32:8) hacia un camino propio que nos está prohibido (Isaías 53:6). El pecado es ir en contra de Dios, retraerse de Dios, darle la espalda a Dios, desafiar a Dios, no hacer caso a Dios.
>
> ¿Cuál es, en términos positivos, la esencia del pecado? *Jugar a ser Dios*, y, como medio para ello, rehusar permitir que el Creador sea Dios en lo que a ti se refiere. Vivir no para él, sino para ti, amándote, complaciéndote y sirviéndote a ti mismo, sin referencia al Creador, tratando de ser lo más independiente posible de él, sacándote a ti mismo de sus manos; actuando como si tú y tu placer fueran el fin para el cual todas las cosas deben servir como medios. Esta es la conducta en que consiste básicamente el pecado.

> El pecado es exaltarse a uno mismo contra el Creador, reteniendo el tributo que le debemos rendir, y poniéndonos en el lugar que le corresponde, como las más alta norma de referencia en todas las decisiones de la vida... (*God's Words* —Palabras de Dios—, 1981, pp. 72-74).

La Biblia deja muy claro que todos los hombres y mujeres son pecadores. Todos le hemos vuelto la espalda a Dios para vivir para nosotros mismos. «*Todos* nosotros nos descarriamos como ovejas, cada cual se apartó *por su camino*; mas Jehová cargó en él el pecado de todos nosotros» (Isaías 53:6); «por cuanto *todos* pecaron, y están destituidos de la *gloria* de Dios» (Romanos 3:23). Las Escrituras resumen la condición del hombre delante de Dios de la siguiente forma: «No hay justo, ni aun uno; No hay quien entienda, No hay quien busque a Dios. Todos se desviaron, a una se hicieron inútiles; No hay quien haga lo bueno, no hay ni siquiera uno» (Romanos 3:10-12). Esta es la valoración que hace Dios de toda la raza humana. No hay ningún justo en ella; no hay ninguno que sea bueno. Todos hemos pecado transgrediendo las leyes de Dios y al rehusarle el lugar que le corresponde en nuestras vidas.

Nadie puede pararse delante de Dios y decir: «Soy una persona santa», o: «soy una persona justa», porque Dios demanda perfección en la obediencia. Dios es santo y absolutamente puro en su carácter moral y no puede aceptar a nadie en su presencia que no sea perfectamente santo. El ser perfecto significa que una persona debe cumplir las leyes de Dios en su totalidad, en pensamiento y acción, y nunca transgredirla en ningún momento de su vida. Todos nosotros somos responsables delante de él de guardar su ley perfectamente. No hacerlo es pecar e incurrir en juicio eterno: «Porque todos los que dependen de las obras de la ley están bajo maldición, pues escrito está: Maldito todo aquel que no permaneciere en todas las cosas escritas en el libro de la ley, para hacerlas» (Gálatas 3:10).

La ley de Dios considera a todos los hombres responsables de obedecerla; pero no hay nadie que pueda pararse frente a Dios sobre la base de la ley y ser justificado delante de él. Demanda perfecta obediencia, pero no fue dada jamás con la intención de ser el medio por el que alguien se salve. Más bien ha sido dada como la norma que revela el pecado, y nos muestra cuán cortos nos quedamos cuando se trata de cumplir la voluntad de Dios, en nuestros pensamientos, motivos, actitudes, hablar y acciones. Romanos 3:20 nos revela este propósito: «ya que por las obras de la ley ningún ser humano será justificado delante de él; porque *por medio de la ley es el conocimiento del pecado*». La ley de Dios muestra al hombre que es pecador, al revelarle la norma que no ha obedecido, y mostrándole que no ha cumplido el propósito con el cual ha sido creado.

La Biblia además nos enseña que por cuanto Dios es un Dios santo, es un Dios de ira. Esto significa que es un Dios que juzgará el pecado: «Porque la ira de Dios se revela desde el cielo contra toda impiedad e injusticia de los hombres que detienen con injusticia la verdad» (Romanos 1:18). Las Escrituras dicen que «Dios está airado contra el impío todos los días» (Salmo 7:11). La ira de Dios se manifiesta contra nosotros por nuestra conducta injusta. Hemos transgredido su santa ley. No le hemos amado con todo nuestro corazón; no hemos buscado obedecer su voluntad sobre cualquier otra cosa. Hemos servido a otros dioses delante de él. Somos culpables. Y la pena por haber transgredido la ley de Dios es la muerte eterna: «El alma que pecare, esa morirá» (Ezequiel 18:4); «La paga del pecado es muerte» (Romanos 6:23). Nos hemos rebelado y por consiguiente debemos encarar el juicio eterno y la condenación en el Infierno.

El Infierno es un lugar real, un lugar de juicio y condenación por el pecado que dura por la eternidad. Apocalipsis 20:11-15 nos da una clara descripción del juicio de Dios sobre aquellos que mueren en sus pecados, y la naturaleza de su destino eterno:

> Y vi un gran trono blanco y al que estaba sentado en él, de delante del cual huyeron la tierra y el cielo, y ningún lugar se encontró para ellos. Y vi a los muertos, grandes y pequeños, de pie ante Dios; y los libros fueron abiertos, y otro libro fue abierto, el cual

> es el libro de la vida; y fueron juzgados los muertos por las cosas que estaban escritas en los libros, según sus obras. Y el mar entregó los muertos que había en él; y la muerte y el Hades entregaron los muertos que había en ellos; y fueron juzgados cada uno según sus obras. Y la muerte y el Hades fueron lanzados al lago de fuego. Esta es la muerte segunda. Y el que no se halló inscrito en el libro de la vida fue lanzado al lago de fuego.

Hay dos clases de personas aquí: aquellos que son juzgados y eternamente condenados en el lago de fuego, y aquellos que escaparán al juicio porque sus nombres estarán escritos en el libro de la vida. Aquellos que son juzgados y condenados son juzgados según sus obras y comportamiento. Sus vidas son comparadas con las demandas de la ley de Dios, y son declarados culpables y condenados. Este juicio de Dios es muy real. La Biblia dice que «Y de la manera que está establecido para los hombres que mueran una sola vez, y después de esto el juicio» (Hebreos 9:27). Pero el mensaje maravilloso del evangelio es que es posible escapar del juicio de Dios. Es posible que nuestro nombre se escriba en el libro de la vida del Cordero, y ser salvados, perdonados y libertados de la culpa y la condenación, del poder del pecado, y del Infierno eterno. Es posible recibir una nueva vida, en la cual somos reconciliados con Dios y habilitados para vivir para su gloria. Esto es lo que el Señor Jesús ha conseguido: «Porque el Hijo del Hombre vino a buscar y a salvar lo que se había perdido» (Lucas 19:10).

Jesús es el Salvador, solo él puede enfrentarse a nuestros pecados. Separados de él no tenemos ninguna esperanza. Puesto que tengo que ser perfecto para poder estar en pie delante de Dios y así poder entrar en el Cielo, estoy perdido. No tengo esperanza. *Debo* tener un salvador. Esto es exactamente lo que el Señor Jesús ha venido a ser. Pero separado de él no hay salvación. Si un hombre muere en sus pecados, separado de Jesucristo, entonces ese hombre pasará la eternidad en el Infierno bajo la ira de Dios: «El que cree en el Hijo tiene vida eterna; pero el que rehúsa creer en el Hijo no verá la vida, sino que la ira de Dios está sobre él» (Juan 3:36).

Definición del problema del hombre

Somos responsables ante Dios de guardar perfectamente su ley. Si no le obedecemos perfectamente, entonces seremos juzgados por nuestros pecados; cualquier alma que peque debe morir eternamente. Pero porque Dios es también un Dios de amor, él no se complace en la muerte de los malvados, y por ello ha provisto a un Salvador en su Hijo, el Señor Jesucristo. Por medio de él podemos encontrar salvación y liberación del pecado, de la culpa y del Infierno eterno.

9

La obra de Jesucristo

La ley de Dios, dice la Biblia, es recta, santa y justa. Es una expresión del carácter de Dios mismo. Debido a la naturaleza de Dios, como justo y santo, las demandas de su ley *deben* ser satisfechas. El pecado *debe* ser castigado. La pena *debe* pagarse. La ira y el juicio de Dios *deben* derramarse sobre el pecado. Esto significa que él debe juzgar al pecador (el pecado y el pecador no se pueden separar). Sin embargo, Dios es un Dios de amor, y desea perdonar a los hombres. ¿Cómo puede Dios permanecer fiel a su ley, que no puede quebrantar, y al mismo tiempo perdonar nuestros pecados y aceptarnos?

Hay dos cosas que exige la ley de Dios:

1. Una vida perfecta si es que podemos estar en pie delante de él. Para poder ir al Cielo debemos ser perfectos.
2. Juicio y condenación eternos a aquellos que la desobedecen.

Aquí es donde entra el evangelio. El evangelio es la buena noticia de que Dios mismo ha satisfecho las exigencias de la ley en representación nuestra; él ahora puede perdonarnos y aceptarnos en Cristo Jesús. Él puede ser justo y, al mismo tiempo, justificar a pecadores culpables. Podemos escapar del juicio eterno y la condenación porque Jesucristo ha satisfecho la ley de Dios *por* nosotros.

¿Cómo puede ser esto? El Señor Jesús bajó a la tierra como hombre para ser nuestro sustituto, a fin de satisfacer las exigencias de la ley de Dios en nuestro lugar para liberarnos de su maldición: «Pero cuando vino el cumplimiento del tiempo, Dios envió a su Hijo, nacido de mujer y nacido bajo la ley para que redimiese a los que estaban bajo la ley, a fin de que recibiésemos la adopción de hijos» (Gálatas 4:4). Cristo nació como hombre bajo la ley. Se sujetó a su autoridad y exigencias, y ha satisfecho la ley en cada aspecto como nuestro sustituto, como un representante, y puede por ello ser nuestro Salvador. ¿Cómo hizo esto?

Antes que nada, Cristo vino al mundo para pagar la pena por nuestros pecados: la pena de la muerte. Jesús vino a morir: «Porque el Hijo del Hombre no vino para ser servido, sino para servir, y para dar su vida en rescate por muchos» (Marcos 10:45). Así, él «nos redimió de la maldición de la ley, hecho *por* nosotros maldición (porque está escrito: Maldito todo el que es colgado en un madero)» (Gálatas 3:13) Cuando Pablo dice que Jesús fue hecho maldición por nosotros, se refiere a que tomó nuestros pecados y luego recibió el justo juicio de Dios contra el pecado en su propio cuerpo en la cruz. Él sufrió el juicio por nuestros pecados y se convirtió en nuestro sustituto: «Al que no conoció pecado, por nosotros lo hizo pecado...» (2 Corintios 5:21).

En Hebreos 2:14,15,17 también se nos dice:

> Así que, por cuanto los hijos participaron de carne y sangre, él también participó de lo mismo, para destruir por medio de la muerte al que tenía el imperio de la muerte, esto es, al diablo, y librar a todos los que por el temor de la muerte [...]. Por lo cual debía ser en todo semejante a sus hermanos, para venir a ser misericordioso y fiel sumo sacerdote en lo que a Dios se refiere, para expiar los pecados del pueblo.

«Propiciación» (usada aquí y también en Romanos 3:25; 1 Juan 2:2) es una palabra muy importante. Como hemos mencionado en el capítulo 4, significa satisfacer la ira. El Señor Jesucristo fue a la cruz a soportar la ira de Dios por nuestros pecados en su cuerpo. El Hijo de Dios fue inmolado en nuestro lugar, a fin de que pudiera resucitar para ofrecernos perdón y salvación.

La ley de Dios es una expresión de su santidad. Dios no puede simplemente olvidar, mostrar misericordia y olvidarse del asunto. De hacerlo así, estaría poniendo en juego su santidad. No puede ejercitar su amor a expensas de su santidad, su rectitud y su justicia. Por eso el Padre y el Hijo planificaron la salvación de tal forma que Dios siga siendo justo, pero a la vez perdone a los hombres sus transgresiones, proveyendo un sustituto que tome nuestro lugar. Hay una ilustración gráfica de esto en el Antiguo Testamento en la historia de Abraham e Isaac. Dios mandó a Abraham que tomara a su único hijo, Isaac, el hijo que Dios le había *prometido*, para ofrecérselo en holocausto en el lugar específico que Dios le indicaría. ¡Imaginen la angustia en el corazón de Abraham! Pero obedeció a Dios. Isaac y él fueron juntos a la montaña que Dios le había mostrado. El relato bíblico muestra a padre e hijo caminando juntos. El hijo es manso y sumiso, el padre muy determinado: «Y tomó Abraham la leña del holocausto, y la puso sobre Isaac su hijo, y él tomó en su mano el fuego y el cuchillo; y fueron ambos juntos» (Génesis 22:6). En su espalda, Isaac llevaba la leña sobre la cual sería sacrificado, mientras Abraham llevaba el fuego y el cuchillo.

Esta historia apunta hacia otro Hijo *prometido*, que cargaría en su espalda una cruz de madera, en la cual sería sacrificado. Abraham cargó el fuego para consumir a su hijo y su cuchillo para inmolarlo. El fuego sacrificial nos recuerda la ira de Dios, que consumiría a su Hijo, mientras él se ofrecía a sí mismo como propiciación por los pecados del mundo. Sobrepasando su propio mandamiento, Dios «no escatimó ni a su propio hijo, sino que lo entregó por todos nosotros...» (Romanos 8:32). La muerte de Jesús no fue ningún accidente. Fue planeada, iniciada y completada por Dios mismo. Fue profetizada en el Antiguo Testamento mucho tiempo antes de que sucediera. Pero esta imagen que nos pinta la historia de Abraham e Isaac nos muestra que este no fue un acontecimiento frío e impersonal. Aquí hay un Padre derramando su ira sobre su querido Hijo para que las justas demandas de su ley sean satisfechas para salvarnos. Este incidente nos ayuda a ver, aunque de forma limitada, lo que le costó al Padre proveernos la salvación.

Es inmensamente interesante notar dónde le dijo Dios a Abraham que ofreciera a Isaac: el monte Moriah. Se lo menciona otra vez en 2 Crónicas 3:1: «Comenzó Salomón a edificar la casa de Jehová en Jerusalén, en el monte Moriah, que había sido mostrado a David su padre...». Esa montaña en la que Abraham debía ofrecer a Isaac, se convirtió luego en el lugar del Templo donde se hacían los sacrificios del Templo en Jerusalén. Cuando los tiempos se cumplieron, en ese mismo monte, un lugar llamado el Calvario, el Dios Padre entregó a su Hijo como sacrificio expiatorio por los pecados del mundo. En aquel lugar, todo lo que se había ilustrado en Isaac y los innumerables sacrificios de animales se cumplieron con terrible realidad.

El Señor Jesucristo ha tomado nuestros pecados, y ha ido a la cruz como nuestro sustituto, para sufrir y llevar el juicio y la condenación de Dios contra los pecados: «él mismo llevó *nuestros pecados* en su cuerpo sobre el madero» (1 Pedro 2:24); «Mas él herido fue por *nuestras rebeliones*, molido por *nuestros pecados*; el castigo de nuestra paz fue sobre él, y por su llaga fuimos nosotros curados [...] mas Jehová cargó en él el pecado de todos nosotros» (Isaías 53:5-6). El derramamiento de su sangre ha hecho expiación por nuestros pecados y su sacrificio ha satisfecho completamente los justos requisitos de la ley de Dios. El pago ha sido efectuado.

Este principio de la expiación sustitutiva efectuada por el derramamiento de sangre fue establecido muy temprano en la historia de Israel, cuando Dios dio comienzo al sistema sacrificial: «Porque la vida de la carne en la sangre está, y yo os la he dado para hacer expiación sobre el altar por vuestras almas; y la misma sangre hará expiación de la persona» (Levítico 17:11). Dios estaba enseñando a su pueblo el principio de que el pecado debía ser juzgado, y que la ley demanda la muerte por el pecado. El sistema sacrificial del Antiguo Testamento ofreció una solución temporal para los pecados de las personas. Se podía sacrificar un animal en lugar de uno mismo, para cubrir temporalmente la culpa del pecado, hasta que un día llegaría Uno que haría la expiación sustitutiva final. Por ello, el Señor Jesús fue declarado ser por Juan el Bautista «el Cordero de Dios, que quita el pecado del mundo» (Juan 1:29).

En Jesucristo se cumplieron las exigencias de la ley de Dios. Por fe, un cristiano es unido a Cristo y «en él» es identificado con Jesús en su muerte, su sepultura y su resurrección. Por ello, cuando Jesucristo murió en la cruz, el cristiano también murió; en Cristo, la pena de la ley de Dios contra él, ya ha sido plenamente administrada. Por esto la Biblia dice: «Ahora, pues, ninguna condenación hay para los que están en Cristo Jesús» (Romanos 8:1). El cristiano es ahora completamente liberado, completamente perdonado. Todos sus pecados han sido limpiados. Dios no me condenará si estoy en su Hijo, porque él juzgó a su Hijo en mi lugar. Dios ha quitado de mí mis pecados y no los recordará jamás. Él los olvida por completo.

Pero la ley de Dios demanda perfecta obediencia si vamos a poder estar en pie delante de él. Dios es perfectamente santo. Puesto que nada pecaminoso puede estar en su presencia, nosotros debemos ser perfectos para poder entrar en el Cielo. ¿Cómo satisfizo Jesús esta exigencia de la ley por nosotros? Como hemos visto, el Señor Jesucristo nació de una mujer bajo la ley de Dios. Él estaba sujeto a la autoridad de esa ley y, como hombre, guardó la ley de Dios a la perfección. No cometió ningún pecado (1 Pedro 2:22). La vida perfecta que se nos exige que vivamos la vivió él. La vida de Jesús fue vivida únicamente para la gloria de Dios. Él fue un hombre perfecto; nunca violó la ley de Dios. Es esta perfección y justicia la que Dios dará a aquellos que vienen en arrepentimiento y fe a Jesucristo. La perfección que necesitábamos para estar delante de Dios fue provista y vivida por Cristo para nosotros, y está a nuestra disposición como un regalo que se recibe por fe. Pablo lo plantea de la siguiente forma:

> Y ciertamente, aun estimo todas las cosas como pérdida por la excelencia del conocimiento de Cristo Jesús, mi Señor, por amor del cual lo he perdido todo, y lo tengo por basura, para ganar a Cristo, y ser hallado en él, no teniendo mi propia justicia, que es

por la ley, sino la que es por la fe de Cristo, la justicia que es de Dios por la fe (Filipenses 3:8-9).

¡Esto no significa que ya seamos perfectos! Somos declarados justos. Esto es lo que la Biblia da a entender por la justificación. Nuestros pecados son perdonados para que final y plenamente seamos aceptados por Dios. Lamentablemente, aquí es donde tropiezan muchos católicos romanos. Ellos se parecen mucho a los judíos que describe Pablo en Romanos 10:1-4: «Hermanos, ciertamente el anhelo de mi corazón, y mi oración a Dios por Israel, es para salvación. Porque yo les doy testimonio de que tienen celo de Dios, pero no conforme a ciencia. Porque ignorando la justicia de Dios, y procurando establecer la suya propia, no se han sujetado a la justicia de Dios; porque el fin de la ley es Cristo, para justicia a todo aquel que cree».

Los judíos tenían celo, pero tristemente estaban equivocados en cuanto al camino de la salvación según Dios. Su camino no es el de las obras. La justicia se recibe como un regalo por fe.

RESUMEN

El Señor Jesucristo ha cumplido perfectamente las demandas de la ley de Dios, ante la cual cada uno de nosotros es responsable. La ley exige la muerte del trasgresor. Jesús cumplió con esa exigencia en la cruz. La ley requiere una perfecta obediencia si vamos a ser aceptados por Dios. Jesús vivió una vida perfecta bajo la ley, y satisfizo esa exigencia a nuestro favor. Nuestra salvación, por consiguiente, está fundada en Cristo. Su obra al cumplir con las exigencias de la ley por nosotros, como nuestro sustituto, nos asegura una salvación *eterna* que jamás puede perderse.

Por esto Jesús dijo que solo él es «el camino, la verdad, y la vida», el único camino al Padre (Juan 14:6); y por eso Pedro dice que «en ningún otro hay salvación; porque no hay otro nombre bajo el cielo, dado a los hombres, en que podamos ser salvos» (Hechos 4:12). Nadie más podía llegar a cumplir las exigencias de la ley de Dios y al mismo tiempo enfrentarse a nuestros pecados y darnos una justicia positiva para estar en pie delante de Dios. Ninguna otra persona o religión puede satisfacer la ley de Dios a nuestro favor. La salvación viene a nosotros únicamente sobre la base del sacrificio y la justicia de Jesucristo: un tema que ha sido repetido muchas veces en toda la Iglesia entre aquellos que son verdaderos cristianos.

Tu sangre y justicia, Jesús,
mi gloria y belleza han de ser;
con llamas a mi alrededor,
mi cabeza levantaré.

CONDE ZINZENDORF

Cumplir nunca yo podré
las demandas de tu ley;
aunque el celo y el llorar
no me dejen reposar,
mi pecado no expiarán;
solo tú puedes salvar.

Ningún precio traigo a ti,
mas tu cruz es para mí;
cubrirás mi desnudez
y en tu gracia confiaré;
sucio, acudo a tu cruz;
lávame, mi buen Jesús.

A. M. TOPLADY

Una vez que conozco todos estos hechos y me doy cuenta de que hay una completa salvación provista por Dios, la siguiente pregunta que debo hacer es esta: ¿Cómo obtengo la salvación? ¿Cómo puede esto hacerse realidad en mi vida?

Dios en su Palabra nos da instrucciones muy precisas sobre los medios por los cuales nos apropiamos de la salvación. Este es el tema de nuestro próximo capítulo.

10

El arrepentimiento y la fe

Llegamos al punto en nuestro estudio en que hacemos la pregunta que hizo el carcelero de Filipos a Pablo: «¿Qué debo hacer para ser salvo?» (Hechos 16:30). ¿*Cómo* hacemos nuestra la salvación? ¿Cómo podemos experimentar el perdón de pecados y la aceptación de Dios, ser adoptados en su familia y recibir el regalo de la vida eterna? El simple hecho de que el Señor Jesucristo haya realizado la obra de la salvación no significa que toda persona sea automáticamente salvada. La Biblia nos dice que hay condiciones muy claras que deben cumplirse si la obra de Jesucristo ha de ser aplicada a nuestras vidas.

Antes que nada debemos entender que Dios nunca da la salvación aparte del Señor Jesucristo mismo. La salvación viene a ser nuestra cuando nos relacionamos de forma correcta con Jesucristo como persona, esto es, cuando llegamos a conocerlo. Cristo mismo dijo: «Esta es la vida eterna: que te conozcan a ti, el único Dios verdadero, y a Jesucristo, a quien has enviado» (Juan 17:3).

La salvación no consiste en ser miembro de una iglesia, o en la aceptación meramente intelectual de doctrinas bíblicas. No es cuestión de participar en sacramentos o rituales, o esforzarse por vivir conforme a una cierta ética moral. La salvación involucra llegar a vivir una relación personal e íntima con Jesucristo.

En los Evangelios queda claro que Jesucristo llamó a los

hombres a ir directamente a él, aparte de cualquier mediación humana. Dijo, por ejemplo: «Venid a *mí* todos los que estáis trabajados y cargados, y yo os haré descansar. Llevad mi yugo sobre vosotros, y aprended de *mí*, que soy manso y humilde de corazón; y hallaréis descanso para vuestras almas» (Mateo 11:28-29); «Jesús les dijo: Yo soy el pan de vida; *el que a mí viene*, nunca tendrá hambre; y el que en mí cree, no tendrá sed jamás» (Juan 6:35) Juan comenta: «Mas a todos los que le *recibieron*, a los que creen en su nombre, les dio potestad de ser hechos hijos de Dios» (Juan 1:12)

La vida eterna se recibe al ir directa y personalmente a Jesucristo mismo. En contraste, la Iglesia católica romana enseña que ella es «el sacramento universal de la salvación». Enseña que si alguien se hace miembro de su Iglesia y participa de los sacramentos, esa persona es cristiana. Reclama ser el medio por el cual la gracia de Dios y los méritos de Cristo son canalizados hacia la persona a través de los sacramentos, y que la gente se salva por su relación con la Iglesia en vez de su relación con Jesús mismo. Las personas, pues, confían en la Iglesia, en sus ritos y en sus sacramentos para la salvación, en vez de confiar en Jesucristo. Ya hemos visto que todas las enseñanzas de la Iglesia católica romana sobre la misa, el sacerdocio, la eucaristía, la confesión y el bautismo son contrarias a las enseñanzas de la Palabra de Dios. Así Cristo es desplazado por un falso evangelio.

Una vez que hemos visto que podemos ir a Jesús directa y personalmente, la siguiente pregunta que hacer es: ¿*Cómo* voy a él?

La Biblia nos dice que hay dos condiciones que alguien debe cumplir si ha de *conocer* a Jesucristo y ser salvo:

1. Debe arrepentirse.
2. Debe creer.

El Nuevo Testamento pone esto de relieve frecuentemente. Por ejemplo, en Marcos 1:15 el Señor Jesús declara: «El tiempo se ha cumplido, y el reino de Dios se ha acercado; *arrepen-*

tíos, y creed en el evangelio». En Lucas 13:3 dice: «Antes si no os *arrepentís*, todos pereceréis igualmente». En Lucas 5:32, él dice que no vino «a llamar a justos, sino a pecadores al *arrepentimiento*».

El Señor Jesucristo, Juan el bautista, Pedro y Pablo, todos ellos predicaron que el arrepentimiento es una condición necesaria para la salvación. De la misma forma se resalta que la fe es una condición para la salvación: «Porque de tal manera amó Dios al mundo, que ha dado a su Hijo unigénito, para que todo aquel que en él *cree*, no se pierda, mas tenga vida eterna» (Juan 3:16). Nuevamente Pablo declara: «Porque por gracia sois salvos por medio de la *fe*...» (Efesios 2:8).

¿Qué queremos decir con arrepentimiento y fe? Arrepentimiento y fe son las dos caras de la misma moneda. El Dr. Augustus Strong escribe:

> El arrepentimiento es el cambio voluntario en la mente del pecador, por el cual se *vuelve del* pecado. Al ser esencialmente un cambio de mente, este involucra un cambio de idea, un cambio de sentimiento y un cambio de propósito [...]. La fe es el cambio voluntario en la mente del pecador por el cual se *vuelve a* Cristo [...]. El elemento voluntario es la confianza en Cristo como Señor y Salvador o, para distinguir sus dos aspectos: a) rendición del alma culpable y manchada al gobierno de Cristo, b) recepción y apropiación de Cristo como la fuente de nuestro perdón y vida espiritual (*Systematic Theology* —Teología Sistemática—, pp. 829, 832-36).

El pensamiento esencial en el arrepentimiento y la fe es el de volverse. El arrepentimiento es dar la espalda al pecado, mientras que la fe es volver la mirada hacia Cristo. El resultado es la rendición y la confianza en Jesucristo como Señor y Salvador. El pecador culpable se vuelve del pecado, rinde su voluntad a Jesucristo y confía en él como su Salvador.

En Filipenses capítulo 3, el apóstol Pablo describe lo que esto involucró en su propia vida. Hace una lista de sus credenciales: «Si alguno piensa que tiene de qué confiar en la carne, yo más...». Si hubo alguna vez un hombre, desde una perspectiva humana, que pudiera estar de pie delante de Dios por las cosas que hubiera hecho, sería Pablo. Él enuncia sus logros: su herencia, su posición en la sociedad, y el celo de sus obras: «Circuncidado al octavo día, del linaje de Israel, de la tribu de Benjamín, hebreo de hebreos; en cuanto a la ley, fariseo; en cuanto a celo, perseguidor de la iglesia; en cuanto a la justicia que es en la ley, irreprensible» (Filipenses 3:5-6).

En un tiempo Pablo tenía un alto concepto de sí mismo. Desde un punto de vista humano, nadie podía igualar el celo de Pablo, ni su moralidad, su pureza, su herencia ni su observancia religiosa. Y, sin embargo, él mismo nos dice cuál es su valoración de todas estas cosas cuando conoció a Cristo: «Pero cuantas cosas eran para mí ganancia, las he estimado como *pérdida* por amor de Cristo. Y ciertamente, aun estimo todas las cosas como pérdida por la excelencia del conocimiento de Cristo Jesús, mi Señor, por amor del cual lo he perdido todo, y lo tengo por basura, para ganar a Cristo, y ser hallado en él, no teniendo mi propia justicia, que es por la ley, sino la que es por la fe de Cristo, la justicia que es de Dios por la fe» (Filipenses 3:7-9).

Pablo tuvo que llegar al punto de ver que todos sus logros y buenas obras no tenían valor alguno a los ojos de Dios, y que no era más que un pecador arruinado con un corazón orgulloso. Por ello tuvo que volverse de todas sus buenas obras y su alto concepto de sí mismo. Vino a Jesús con las manos vacías, para acudir a su misericordia y recibir salvación. No lo había logrado por sí mismo. Esto fue logrado *para* él. Por ello abandonó todo intento de salvarse a sí mismo, y confió completamente en Jesucristo. En otras palabras, se volvió *de* su justicia propia *a* Jesús como Salvador. Al volverse así, recibió la perfecta justicia de Jesús como regalo.

Esta salvación no puede ganarse. No puede ser merecida por obras humanas. Debe recibirse como un regalo de Dios, basada únicamente en su misericordia y gracia: «Mas al *que no obra*, sino cree en aquel que justifica al impío, su fe le es contada por justicia» (Romanos 4:5).

Esto no quita la importancia de vivir una vida de santidad. Las personas que verdaderamente se vuelven cristianas vivirán una vida de santidad, porque la salvación implica un cambio de estilo de vida. No solo es liberación de la culpa del pecado, sino también del poder del pecado. Esto incluye santificación. En la salvación hemos sido restaurados para el propósito original por el cual hemos sido creados: estar bajo la autoridad y gobierno de Dios y vivir para su gloria.

El arrepentimiento es, por consiguiente, «volverse del pecado». Es volverse del egoísmo y renunciar a todo este mundo que está en oposición a Dios y su voluntad, a fin de conocer y hacer la voluntad de Dios, para su gloria.

Cuando el joven rico se acercó a Jesús, cayó a sus pies y fervientemente le imploró que le explicara qué es lo que necesitaba hacer para heredar la vida eterna, era moralmente recto y sincero. Cuando Jesús citó la ley de Dios, el joven declaró que la había cumplido desde su juventud. Pero luego Jesús le habló estas palabras devastadoras para él: «Una cosa te falta: anda, vende todo lo que tienes, y dalo a los pobres, y tendrás tesoro en el cielo; y ven, sígueme. Pero al oír estas palabras su semblante decayó, y se fue triste, porque tenía muchas riquezas» (Marcos 10:21-22).

¿Qué fue lo que hizo Jesús? Puso su dedo sobre el ídolo en la vida de aquel hombre, y le mostró que tenía otro dios —las posesiones materiales— en vez del verdadero y único Dios. Así, Jesús le mostró que había quebrantado el primer y más importante mandamiento de todos: «Yo soy Jehová tu Dios [...]. No tendrás dioses ajenos delante de mí».

Si había de recibir vida eterna, aquel ídolo debía ser destronado y olvidado, y le debía dar a Dios su justo lugar. Por eso le dijo Jesús que debía olvidar todas sus riquezas y venir y seguirle. Esta era la simple aplicación de un principio general. Si algún hombre ha de venir a Jesús, entonces Jesús tiene que ser el Señor de todo para él.

Haciendo un resumen del evangelio que predicaba, el apóstol Pablo dijo que predicaba el «arrepentimiento para con Dios, y de la fe en nuestro Señor Jesucristo» (Hechos 20:21). A menos que un hombre se arrepienta para con Dios, no puede creer salvíficamente en Jesucristo. El verdadero arrepentimiento es un cambio de mente para con Dios. Es rendir nuestra voluntad para que Cristo la controle y estar bajo su autoridad. El yo ya no gobierna: lo hace Cristo.

¿Has rendido tu voluntad a Cristo y le has dado el control absoluto de tu vida? ¿Es tu Señor? ¿Has dejado de vivir para ti mismo y para el mundo con todo lo que te puede dar en términos de bienes, placer y posición, para vivir solamente para Jesucristo y el Reino de Dios?

¿Es solo Jesús tu Salvador? ¿O estás confiando en alguna otra cosa, o además, para ser aceptado por Dios? ¿Estás confiando en una iglesia, en buenas obras o en los sacramentos? ¿Estás confiando en tu propia bondad y sinceridad? ¿Has abandonado cualquier forma de obras, sean religiosas o morales, y acudido totalmente por fe únicamente a Jesús para que te salve? ¿Has venido a él y recibido el regalo de la salvación por medio de la fe?

11

Los resultados de la salvación

«Salvación» es un concepto muy amplio en la Palabra de Dios. Para muchos, la palabra salvación significa poco más que liberación del Infierno. Pero salvación significa mucho más que esto, y se la puede resumir bajo tres epígrafes principales:

1. **Justificación**
2. **Santificación**
3. **Glorificación**

Cada una de estas bendiciones son nuestras cuando Jesucristo es Señor y Salvador de nuestras vidas.

JUSTIFICACIÓN

Como ya hemos notado antes, «ser justificado» es un término legal que significa «ser declarado justo». Cuando Dios nos une a Jesucristo, somos absueltos de la condenación de la ley de Dios, y la justicia de Cristo se pone a nuestra cuenta.

La justificación trae paz con Dios: «Justificados, pues, por la fe, tenemos paz para con Dios por medio de nuestro Señor Jesucristo» (Romanos 5:1). Nuestra culpa desaparece. La enemistad con Dios ha sido resuelta en Cristo; ahora hay paz con Dios.

La justificación tiene lugar en el momento en que somos unidos a Jesucristo, y es permanente. Puesto que la base para ella es la obra de Jesucristo, no podemos perderla nunca. El estar en pie delante de Dios de un verdadero cristiano no puede cambiar, porque las exigencias de la ley han sido todas satisfechas.

Pero nuestra salvación no acaba aquí en la justificación.

SANTIFICACIÓN

Santificar significa apartar. La santificación en las Escrituras significa ser apartado para Dios y sus propósitos. Es por esto por lo que Jesucristo se entregó en la cruz por nosotros: «Para que los que viven, *ya no vivan para sí, sino para aquel* que murió y resucitó por ellos» (2 Corintios 5:15). En esencia esto resume lo que es la santificación: no vivir ya para uno mismo, sino para el que murió y resucitó por nosotros.

Vivimos para él al vivir para su voluntad revelada en la Palabra de Dios. La Biblia dice que aquellos que conocen a Dios son los que guardan sus mandamientos: «Y en esto sabemos que nosotros le conocemos, si guardamos sus mandamientos. El que dice: Yo le conozco, y no guarda sus mandamientos, el tal es mentiroso, y la verdad no está en él» (1 Juan 2:3-4).

Mientras que solíamos vivir para nosotros mismos, ahora vivimos para Jesucristo. Donde solíamos vivir para este mundo y la satisfacción de nuestros propios intereses y ambiciones, ahora vivimos para el Reino de Dios y la satisfacción de *sus* intereses. Donde solíamos vivir en pecados específicos, ahora anhelamos ser santos.

Nuevamente, el propósito de la salvación era el de restaurar la comunión con Dios para que pudiéramos alcanzar el propósito original con el que fuimos creados: cumplir la ley de Dios. «Porque lo que era imposible para la ley, por cuanto era débil por la carne, Dios, enviando a su Hijo en semejanza de carne de pecado y a causa del pecado, condenó al pecado en la carne; *para que la justicia de la ley se cumpliese en nosotros*, que no andamos conforme a la carne, sino conforme al Espíritu» (Romanos 8:3-4).

Fuimos creados para hacer la voluntad de Dios. Cuando

Dios nos vuelve a crear espiritualmente a través del nuevo nacimiento, su propósito está cumplido. Él nos hace santos. «Porque la gracia de Dios se ha manifestado para salvación a todos los hombres, enseñándonos que, renunciando a la impiedad y a los deseos mundanos, vivamos en este siglo sobria, justa y piadosamente, aguardando la esperanza bienaventurada y la manifestación gloriosa de nuestro gran Dios y Salvador Jesucristo, quien se dio a sí mismo por nosotros para redimirnos de toda iniquidad y purificar para sí un pueblo propio, celoso de buenas obras» (Tito 2:11-14).

La evidencia de la fe en Cristo es una vida de nueva obediencia a Dios. El Señor Jesús nos dice esto en términos inequívocos: «No todo el que me dice: Señor, Señor, entrará en el reino de los cielos, *sino el que hace la voluntad de mi Padre* que está en los cielos. Muchos me dirán en aquel día: Señor, Señor, ¿no profetizamos en tu nombre, y en tu nombre echamos fuera demonios, y en tu nombre hicimos muchos milagros? Y entonces les declararé: Nunca os conocí; apartaos de mí, hacedores de maldad. Cualquiera, pues, que me oye estas palabras, y las hace, le compararé a un hombre prudente, que edificó su casa sobre la roca» (Mateo 7:21-24). No son aquellos que *dicen* «Señor, Señor», sino los que hacen la voluntad de Dios los que entrarán en el Cielo. No son verdaderos discípulos aquellos que dicen que él es el Señor, sino aquellos que se someten a él como su Señor y ya no viven para sí mismos, sino para la voluntad de Dios. Solo el que hace la voluntad de Dios es el que permanecerá para siempre (1 Juan 2:17). A pesar de que estas personas profesaron a Jesucristo y lo reconocieron como el Señor e incluso fueron miembros activos del ministerio en su nombre, ellos vivían fundamentalmente para sí mismos mientras profesaban a Jesucristo. La triste verdad es que estaban perdidos. Nunca se habían arrepentido de verdad.

Cuando llegamos a conocer verdaderamente a Jesucristo, nuestra vida es transformada. Se vuelve una vida santificada. Jesucristo mismo mora en nuestros corazones por su Espíritu. Cuando decimos que alguien es santo o es santificado, estamos diciendo que él o ella se están volviendo más como Jesucristo.

La vida misma de Cristo se manifiesta en la vida de esa persona. A esto se refiere Pablo cuando dice: «Con Cristo estoy juntamente crucificado, y ya no vivo yo, mas vive Cristo en mí; y lo que ahora vivo en la carne, lo vivo en la fe del Hijo de Dios, el cual me amó y se entregó a sí mismo por mí» (Gálatas 2:20) Nuevamente, él dice en 2 Corintios 5:17: «Si alguno está en Cristo, nueva criatura es; las cosas viejas pasaron; he aquí todas son hechas nuevas».

Si el cristianismo significa compartir la vida de Cristo, ¿cómo es su vida?

1. La vida de Jesús fue, primera y primordialmente, una vida totalmente comprometida con la voluntad de Dios. Él no vivió para buscar su propio placer: «Porque he descendido del cielo, no para hacer mi voluntad, sino la voluntad del que me envió» (Juan 6:38); «Porque ni aun Cristo se agradó a sí mismo...» (Romanos 15:3).

2. Su vida era de total dependencia de Dios para todas las cosas. Era una vida de fe: «De cierto, de cierto os digo: No puede el Hijo hacer nada por sí mismo [...]. No puedo yo hacer nada por mí mismo...» (Juan 5:19,30). Vivió su vida en total dependencia del Espíritu de Dios (Lucas 4:1, 14,18).

3. El gran deseo de Jesús fue que Dios fuera glorificado en su vida, sin importar el costo para sí mismo: «Ahora está turbada mi alma; ¿y qué diré? ¿Padre, sálvame de esta hora? Mas para esto he llegado a esta hora. Padre, glorifica tu nombre...» (Juan 12:27-28).

4. Fue un hombre que guardó la Palabra de Dios y que amaba la santidad. Hacía solo las cosas que le agradaban a su Padre: «No solo de pan vivirá el hombre, sino de toda palabra que sale de la boca de Dios» (Mateo 4:4); «Porque yo hago siempre lo que le agrada» (Juan 8:29); «Pero le conozco y guardo su palabra» (Juan 8:55).

5. La vida de Jesús fue de comunión íntima y personal con Dios. Dios era una realidad viviente para él, habló de Dios en los términos más íntimos, llamándolo Abba, Padre, dijo: «Yo le conozco» (Juan 8:55).

6. Su vida fue una vida de oración: «Levantándose muy de mañana, siendo aún muy oscuro, salió y se fue a un lugar desierto, y allí oraba» (Marcos 1:35).

7. Tenía un espíritu de siervo: «Porque el Hijo del Hombre no vino para ser servido, sino para servir, y para dar su vida en rescate por muchos» (Marcos 10:45).

8. Su vida se caracterizaba por el amor. Vivía para los demás: «Un mandamiento nuevo os doy: Que os améis unos a otros; como yo os he amado, que también os améis unos a otros» (Juan 13:34).

9. Jesús nunca desistió de estar completamente comprometido con la voluntad de Dios, ni por persecución, ni por prueba, ni por las circunstancias más difíciles. Nada podía disuadirlo de cumplir la voluntad de Dios, a pesar de que una vida así significaba el rechazo de su familia, sus compatriotas, los líderes religiosos, la traición de sus discípulos y, finalmente, tortura y muerte: «El cual por el gozo puesto delante de él sufrió la cruz, menospreciando el oprobio, y se sentó a la diestra del trono de Dios. Considerad a aquel que sufrió tal contradicción de pecadores contra sí mismo, para que vuestro ánimo no se canse hasta desmayar» (Hebreos 12:2-3).

10. El propio Señor Jesús nos dice cómo es. Él dijo: «… soy manso y humilde de corazón…» (Mateo 11:29). No vivió para promocionarse, no intentó ser «alguien» delante de los hombres. No vivió para la gloria, aprobación, aceptación o alabanza de los hombres. Era siervo de Dios. Y como siervo de Dios, vivió bajo su autori-

dad. Frecuentemente Jesús habló de sí como el enviado: «Porque he descendido del cielo, no para hacer mi voluntad, sino la voluntad del que me envió» (Juan 6:38; cf. 5:36; 7:29; etc.).

11. Finalmente la vida de Jesús estuvo caracterizada por la devoción al Reino de Dios. No vivió para este mundo, vivió para que el Reino de Dios pudiera entrar a los corazones de los hombres. Tenía una pasión por que los hombres pudieran llegar a conocer y glorificar a Dios en sus vidas. Buscó «primeramente el reino de Dios y su justicia» (Mateo 6:33). Jesús dijo: «Mi comida es que haga la voluntad del que me envió, y que acabe su obra. ¿No decís vosotros: Aún faltan cuatro meses para que llegue la siega? He aquí os digo: Alzad vuestros ojos y mirad los campos, porque ya están blancos para la siega» (Juan 4:34-35).

La vida de Jesucristo estuvo *dominada* por Dios y sus intereses. Dios no era solo una añadidura conveniente a su vida; Dios *era* su vida. Lo mismo será cierto de aquellos que verdaderamente lo conocen. Este tipo de vida no será vivida perfectamente, pero ciertamente será la *inclinación* en la vida de la persona. Y mientras más crezcamos en nuestra relación personal con Cristo, más nos volveremos como él. No será aquello que profesamos lo que pruebe que nuestra fe es genuina, sino la forma en que vivamos. Cuando respondemos apropiadamente al evangelio por medio del arrepentimiento y la fe, no solo somos perdonados, hechos justos delante de Dios, e introducidos en su familia, sino también apartados para los fines de Dios, y nuestra vida empieza a ser santificada.

Cuando yo era católico romano, solía ir a la confesión semanalmente y cumplía con toda la penitencia requerida. Pero semana tras semana volvía con los mismos pecados de siempre. Secretamente tenía la noción de que podía vivir cometiendo esos pecados. Todo lo que tenía que hacer era ir a la confesión, cumplir con la penitencia requerida y el resto estaría bien. Ese era un terrible engaño. Dios no quiere penitencia. Él quiere arrepentimiento, quiere un olvido resuelto de los pecados y un compromiso con Jesucristo como el Señor que nos da el poder para obedecer a Dios.

¿Quién es la persona que ha recibido la vida eterna? ¡Aquella cuya vida está caracterizada por el fruto de la santificación! ¿Quién es la persona que está santificada? Aquella que se ha convertido en siervo de Dios. ¿Y quién es la persona que es un siervo de Dios? Aquella que ha sido liberada del pecado (Romanos 6:22).

El pecado nos hace voluntariosos e independientes. Dejamos de ser voluntariosos solo cuando Jesucristo es entronado como Señor y así nos volvemos esclavos de Dios. Dicha «esclavitud» es nuestra verdadera y perfecta libertad y el resultado es una vida santificada que lleva a la vida eterna.

¿Eres un hombre cambiado o una mujer cambiada? ¿Has recibido un nuevo corazón? ¿Ha sido tu vida santificada para Dios, de tal forma que vives para él? ¿O vives para ti mismo? ¿Tienes hambre y sed de justicia en tu corazón? ¿Anhelas ser santo? ¿Pasas tiempo a solas con Dios en oración y en su Palabra? ¿Tu vida está caracterizada por la oración? ¿Lo buscas? ¿Es Señor de tu vida? ¿Vives para el Reino de Dios? ¿O vives para este mundo y la satisfacción de tus propios deseos e intereses? ¿Para *quién* vives? ¿Para *qué* vives?

GLORIFICACIÓN

Finalmente, la salvación incluye la glorificación. A la persona que es unida a Cristo se le asegura la glorificación un día. Vamos a ser completamente transformados a la semejanza de Cristo mismo, y seremos perfectos en todas las áreas de nuestro ser. ¡No tendremos más pecado!

La santificación es el proceso por el cual crecemos más y más hasta llegar al carácter de Jesucristo. Es el proceso de desarrollo del cual la glorificación es su cumplimiento final. Es su culminación. Entonces estaremos absolutamente conformados al carácter de Jesús sin defecto alguno: «Sabemos que cuando él se manifieste, *seremos semejantes a él*» (1 Juan 3:2).

Ser salvo involucra finalmente ser glorificados. Nunca podremos perder la salvación, porque la Palabra de Dios nos dice que aquellos a quienes Dios justifica, también los glorifica: «Porque a los que antes conoció, también los predestinó para que fuesen hechos conformes a la imagen de su Hijo, para que él sea el primogénito entre muchos hermanos. Y a los que predestinó, a éstos también llamó; y a los que llamó, a éstos también justificó; *y a los que justificó, a éstos también glorificó*» (Romanos 8:29-30). Una vez que hemos sido justificados, no hay absolutamente nada que nos pueda separar del amor de Dios. Nuestro destino eterno está absolutamente asegurado.

¡Cuán maravillosa salvación ha provisto Dios para nosotros a través de su Hijo! Qué manera más adecuada de terminar este estudio que repetir las alabanzas de Dios en el capítulo 8 de Romanos. Aquí Pablo nos da un resumen de la salvación que hemos estado considerando. Aquí aprendemos acerca de la *justificación*, en la cual somos libertados de toda la condenación por medio de la obra de Jesucristo; sobre la *santificación*, en la cual estamos totalmente comprometidos con la voluntad de Dios sin importar el precio. Y finalmente aprendemos sobre la *glorificación* y la seguridad eterna, donde Pablo declara que nada nos puede separar del amor de Dios en Cristo Jesús!

JUSTIFICACIÓN

> ¿Qué, pues, diremos a esto? Si Dios es por nosotros, ¿quién contra nosotros? El que no escatimó ni a su propio Hijo, sino que lo entregó por todos nosotros, ¿cómo no nos dará también con él todas las cosas? ¿Quién acusará a los escogidos de Dios? Dios es el que justifica. ¿Quién condenará? Cristo es el que murió; más aún, el que también resucitó, el que además está a la diestra de Dios, el que también intercede por nosotros.

SANTIFICACIÓN

> ¿Quién nos separará del amor de Cristo? ¿Tribulación, o angustia, o persecución, o hambre, o desnudez, o peligro, o es-

pada? Como está escrito: Por causa de ti somos muertos todo el tiempo; somos contados como ovejas de matadero. Antes, en todas estas cosas somos más que vencedores por medio de aquel que nos amó.

GLORIFICACIÓN

Por lo cual estoy seguro de que ni la muerte, ni la vida, ni los ángeles, ni principados, ni potestades, ni lo presente, ni lo por venir, ni lo alto, ni lo profundo, ni ninguna cosa creada nos podrá separar del amor de Dios, que es en Cristo Jesús Señor nuestro (Romanos 8:31-39).

Apéndice A

FUENTES OFICIALES DE DOCTRINA CATÓLICA ROMANA

El autor expresa su gratitud a las siguientes editoriales por su permiso para citar de su material:

1. *The Canons and Decrees of the Council of Trent* (Los cánones y decretos del Concilio de Trento), en Philip Schaff, *The Creeds of Christendom* (Los credos de la cristiandad), Baker Book House (ed. 1919).

2. *The Documents of Vatican II* (Documentos del Vaticano II), Walter M. Abbot S. J., Editor General, Association Press, Follet Publishing Company, 1966.

3. *The Code of Canon Law* (El código de la ley canónica). Preparado por la Canon Law Society (Sociedad de la Ley Canónica) de Gran Bretaña e Irlanda en asociación con la Canon Law Society de Australia y Nueva Zelanda y la de Canadá, William Colins y William B. Eerdmans Publishing Company, 1983.

Juan Pablo II hace los comentarios siguientes acerca de *The Code of Canon Law*:

> Se espera que esta versión inglesa del Código sea un recurso adecuado para un estudio atento y fructífero de la ley de la Iglesia.

> Ordenamos que de ahora en adelante tenga la fuerza de ley para toda la Iglesia latina, y encomendamos sus observaciones al cuidado y la vigilancia de todos los que son responsables.

4. *The Question and Answer Catholic Catechism* (El catecismo católico de preguntas y respuestas), John A. Hardon S. J., Image Books, Doubleday and Company, 1981.

Nihil Obstat: William B. Smith, S. T. D., Censor Librorum. *Imprimatur*: Joseph T. O'Keefe, Vicario General, Archidiócesis de Nueva York, 7 de julio de 1981.

John Hardon, S. J. es un erudito jesuita, profesor en el Institute for Adavanced Studies in Catholic Doctrine (Instituto para estudios avanzados de doctrina católica) en la St. John's University en Nueva York.

El prefacio del Catecismo fue escrito por Silvio Cardinal Odi, Prefecto de la Sagrada Congregación para los Sacerdotes en la Ciudad Vaticana. Así que este documento tiene la autorización oficial del Vaticano. Él hace los siguientes comentarios:

> El padre John A. Hardon [...] después de producir una obra superior acerca de la doctrina católica en prosa directa, ahora ofrece un tratamiento refrescante usando preguntas y respuestas, ofreciendo así un servicio genuino a los católicos de habla inglesa.
>
> Un buen estilo catequístico requiere precisión y brevedad. Los autores imprecisos, por tanto, lo rehúyen, bien porque sus pensamientos sean confusos o porque son lo suficientemente astutos como para no escribir en negro sobre blanco lo que realmente sostienen.
>
> El padre Hardon, que no es ni oscuro en su teología ni prolijo en su presentación, demuestra en este libro que es un maestro de la pedagogía catequística.
>
> Su libro *The Question and Answer Catholic Catechism* (Catecismo católico en preguntas y respuestas) no podría ser más oportuno. Los católicos de hoy en día, especialmente los católicos más fieles, necesitan entender los últimos avances en la en-

> señanza de la Iglesia y, sobre todo, tener la confirmación de que la fe no ha cambiado...
>
> Es claro que el padre Hardon se ha esforzado con éxito por compartir las enseñanzas auténticas de la Santa Madre Iglesia. Los lectores encontrarán en este libro una presentación fidedigna y actual de la misma verdad dogmática, moral, ascética y litúrgica que la Iglesia católica siempre ha enseñado.
>
> Aparte de la fidelidad doctrinal y la precisión teológica, el ámbito del libro lo distingue de muchos de su género.
>
> El propósito de esta obra es claramente refrescar la mente católica en cuanto a los punto esenciales del depósito de la fe. Es la obra de la Iglesia enseñar la verdad...
>
> Esta obra es rica en citas de las Sagradas Escrituras y del Magisterio. El lector puede estar seguro de que está recibiendo no las opiniones de un hombre, sino la tradición del catolicismo.

La madre Teresa también escribió algunos comentarios en el prefacio de este libro bajo el epígrafe: «Para todos los que usan este libro». Ella dice:

> Este catecismo es la clara exposición de las enseñanzas de la Iglesia. Se debería enseñar en colegios y universidades, en programas de formación religiosa, y en la familia. Fue escrito en un estilo fácil de entender, sencillo, y no deja lugar a dudas en la mente acerca de lo que la Iglesia requiere de sus miembros, como hijos de Dios y seguidores de Jesucristo.

Apéndice B

DECLARACIONES AUTORITATIVAS DEL CATOLICISMO ROMANO SOBRE LA MISA

El Concilio de Trento

Sesión XXII: Doctrina del sacrificio de la misa

Capítulo 1: Acerca de la institución del más sagrado sacrificio de la misa

Por cuanto bajo el Antiguo Testamento, como testifica el apóstol S. Pablo, *no había consumación (o perfecta santidad), a causa de la debilidad del sacerdocio de Leví*; fue conveniente, disponiéndolo así Dios, Padre de misericordias, que naciese *otro sacerdote según el orden de Melquisedec*, es a saber, nuestro Señor Jesucristo, que pudiese completar, y llevar a la perfección cuantas personas habían de ser santificadas.

El mismo Dios, pues, y Señor nuestro, aunque se había de ofrecer a sí mismo a Dios Padre, una vez, *por medio de la muerte* en el ara de la cruz, para obrar desde ella *la redención eterna*; con todo, como su sacerdocio no había de acabarse con su muerte; para dejar en la última cena de la noche misma en que era entregado, a su amada esposa la Iglesia un sacrificio visible, según requiere la condición de los hombres, en el que se representase el sacrificio cruento que por una vez se había de hacer en la cruz, y permaneciese su memoria hasta el fin del mundo, y se aplicase su saludable virtud a la remisión de los pecados que cotidianamente cometemos; al mismo tiempo que se declaró *sacerdote según el orden de Melquisedec*, constituido para toda la eternidad, ofreció a Dios Padre su cuerpo y su sangre bajo las especies de pan y vino, y lo dio a sus apóstoles, a quienes entonces, constituía sacerdotes del Nuevo Testamento, para que lo recibiesen bajo los signos de aquellas mismas cosas, mandándoles, e igualmente a sus sucesores en el sacerdocio, que lo ofreciesen, por estas palabras: *Haced esto en memoria mía*; como siempre lo ha entendido y enseñado la Iglesia católica.

Capítulo II. El sacrificio de la misa es propiciatorio no solo para los vivos, sino también para los difuntos

Y por cuanto en este divino sacrificio que se hace en la misa, se contiene y sacrifica incruentamente aquel mismo Cristo que se ofreció cruentamente por única vez en el ara de la cruz; enseña el santo Concilio, que este sacrificio es con toda verdad propiciatorio, y que se logra por él, si nos acercamos al Señor contritos y penitentes, con sincero corazón, y recta fe, si con temor y reverencia; conseguiremos misericordia, y hallaremos su gracia por medio de sus *oportunos auxilios*. En efecto, aplacado el Señor con esta oblación, y concediendo la gracia, y don de la penitencia, perdona los delitos y pecados por grandes que sean; porque la hostia es una misma, uno mismo el que ahora ofrece por el ministerio de los sacerdotes, que el que entonces se ofreció a sí mismo en la cruz, con la sola diferencia del modo de ofrecerse. Los frutos por cierto de aquella oblación cruenta se logran abundantísimamente por esta incruenta: tan lejos está que esta derogue de modo alguno a aquella. De aquí es que no solo se ofrece con justa razón por los pecados, penas, satisfacciones y otras necesidades de los fieles que viven; sino también, según la tradición de los apóstoles, por los que han muerto en Cristo sin estar plenamente purgados.

CÁNONES DEL SACRIFICIO DE LA MISA

Canon I. Si alguno dijere, que no se ofrece en la misa verdadero y propio sacrificio a Dios; o que al ofrecerse este, no es otra cosa que darnos a Cristo para que le comamos; sea excomulgado.

Canon II. Si alguno dijere, que en aquellas palabras: Haced esto en mi memoria, no instituyó Cristo sacerdotes a los apóstoles, o que no los ordenó para que ellos, y los demás sacerdotes ofreciesen su cuerpo y su sangre; sea excomulgado.

Canon III. Si alguno dijere, que el sacrificio de la misa es solo sacrificio de alabanza, y de acción de gracias, o mero recuerdo del sacrificio consumado en la cruz; más que no es propiciatorio; o que solo aprovecha al que le recibe; y que no se debe ofrecer por los vivos, ni por los difuntos, por los pecados, penas, satisfacciones, ni otras necesidades; sea excomulgado.

Canon V. Si alguno dijere, que es impostura celebrar misas en honor de los santos, y con el fin de obtener su intercesión para con Dios, como intenta la Iglesia; sea excomulgado.

Canon VI. Si alguno dijere, que el Canon de la misa contiene errores, y que por esta causa se debe abrogar; sea excomulgado.

Documentos del Vaticano II

Las veces que el sacrificio de la cruz, en la cual «Cristo, nuestra pascua ha sido sacrificado» (1 Co. 5:7) es celebrado en el altar, la obra de nuestra redención sigue adelante (p. 16).

Realizando su servicio para santificar a su gente, los pastores deben hacer que la celebración del sacrificio de la eucaristía sea el centro y la culminación de la totalidad de la vida de la comunidad cristiana (p. 418).

A través de las manos de los sacerdotes y en el nombre de la totalidad de la Iglesia, el sacrificio del Señor es ofrecido en la eucaristía en una manera no sangrienta y sacramental hasta que él mismo venga (p. 535).

Cristo está siempre presente en su Iglesia, especialmente en sus celebraciones litúrgicas. Él está presente en el sacrificio de la misa, no solo en la persona de su ministro, «el mismo que ahora hace el sacrificio», por el ministerio de los sacerdotes, quien anteriormente ofreció su cuerpo en la cruz, pero específicamente bajo la actividad de la eucaristía (pp. 140-141).

De esta manera, la acción de la eucaristía es el mismo latir del corazón de la congregación de los fieles, sobre la cual el sacerdote gobierna. Así que los sacerdotes deben instruirles que ofrezcan a Dios el Padre la Víctima divina en el sacrificio de la misa, y juntarlo a la ofrenda de sus propias vidas (p. 542).

En la última cena, la noche cuando fue traicionado, nuestro Salvador instituyó el sacrificio de la eucaristía de su cuerpo y sangre. Hizo esto para perpetuar el sacrificio de la cruz por medio de los siglos hasta que él vuelva, y de esta manera encomendar a su esposa amada, la Iglesia, un memorial de su muerte y resurrección: un sacramento de amor, una señal de unidad, un lazo de caridad, un banquete de pascua en el cual Cristo es consumido, la mente se llena de gracia, y una promesa de futura gloria nos es dada (p. 154).

El Código de Derecho Canónico

Canon 897. El sacramento más augusto, en el que se contiene, se ofrece y se recibe al mismo Cristo nuestro Señor, es la santísima eucaristía, por la que la Iglesia vive y crece continuamente. El sacrificio eucarístico, memorial de la muerte y resurrección del Señor, en el cual se perpetúa a lo largo de los siglos el sacrificio de la cruz, es el culmen y la fuente de todo el culto y de toda la vida cristiana, por el que se significa y realiza la unidad del pueblo de Dios y se lleva a término la edificación del cuerpo de Cristo. Así pues, los demás sacramentos y todas las obras eclesiásticas de apostolado se unen estrechamente a la santísima eucaristía y a ella se ordenan.

Canon 904. Los sacerdotes, teniendo siempre presente que en el misterio del sacrificio eucarístico se realiza continuamente la obra de la redención, deben celebrarlo frecuentemente; es más, se recomienda encarecidamente la celebración diaria, la cual, aunque no pueda tenerse con asistencia de fieles, es una acción de Cristo y de la Iglesia, en cuya realización los sacerdotes cumplen su principal ministerio.

Canon 906. Sin causa justa y razonable, no celebre el sacerdote el sacrificio eucarístico sin la participación por lo menos de algún fiel.

The Question and Answer Catholic Catechism (El catecismo católico de preguntas y respuestas)

1264. ¿Cómo continúa en la tierra el sacrificio de la cruz?

El sacrificio de la cruz continúa en la tierra por medio del sacrificio de la misa.

1265. ¿Qué es la misa?

El sacrificio de la misa es el verdadero (su nombre correcto) sacrificio de la nueva ley. Este es el sacrificio en el cual Cristo es ofrecido bajo los elementos de pan y vino en una manera no sangrienta. El sacrificio del altar, entonces, no es meramente una conmemoración de la pasión y la muerte de Jesucristo, sino verdaderamente y en realidad un acto de sacrificio. Cristo, el eterno Sumo Sacerdote, de una manera no sangrienta se ofrece como la más aceptable Victima al eterno Padre, igual como él hizo en la cruz.

1268. ¿Cómo se relacionan la misa y el Calvario?

La misa y el Calvario se relacionan de tres maneras: como representación, como memorial y como aplicación eficaz para la humanidad de los méritos ganados por la muerte de Cristo en la cruz.

1269. ¿Cómo vuelve a presentar el Calvario la misa?

La misa vuelve a presentar el Calvario continuando el sacrificio de Cristo mismo a su Padre celestial. En la misa, en una forma idéntica a la del Calvario, Jesús en verdad ofrece su vida a su Padre celestial. Esto es posible porque en la misa está presente el mismo sacerdote, Jesucristo, quien con su voluntad humana (unida con la divina) se ofrece a sí mismo; y es la misma víctima, Jesucristo, cuya vida humana (unida con la divinidad) es sacrificada. La única diferencia es que, ahora glorificado, Cristo no puede morir una muerte física como pasó en la cruz. S. Pablo escribe acerca del sacrificio de sí mismo que hizo Cristo: «Entonces tal como está establecido que los hombres mueran una sola vez, y después el juicio, así también Cristo fue ofrecido una sola vez para quitar las faltas de muchos en su cuerpo» (Hebreos 9:27-28).

1277. ¿Detrae algo la misa del sacrificio único de la cruz?

De ninguna manera la misa detrae del sacrificio único de la cruz, porque la misa es el mismísimo sacrificio que el de la cruz, que tiene que continuar en la tierra hasta el final del tiempo. Cristo no solo era el sacerdote que se ofreció a sí mismo a su Padre celestial. Él es el sacerdote cuya intercesión para la humanidad pecaminosa continúa, solo que ahora él comunica la gracia que ganó para nosotros por su pasión sangrienta y muerte. Así que la misa no es menos que la cruz, sirve para la expiación de los pecados; solo que ahora esa expiación es experimentada por aquellos para los que, en la cruz, el derecho a la misericordia de Dios fue ganado.

1278. ¿Cómo están dispensados los méritos del Calvario por medio del santo sacrificio de la misa?

Los méritos del Calvario están dispensados por medio del santo sacrificio de la misa en esto: que las gracias que Cristo ganó por nosotros en la cruz son comunicadas a nosotros por medio del sacrificio de la eucaristía.

1289. ¿Cuáles son las gracias transferidas por la misa como sacramento?

Las gracias transferidas por la misa como sacramento son dos. Por medio de la misa obtenemos el perdón por pecados veniales y se remite el castigo temporal que debemos por pecados en el pasado; también obtenemos para nosotros y para otros la gracia del arrepentimiento y el deseo de expiar ofensas contra

Dios. Mirando hacia el futuro, la misa es la fuente de gracia más eficaz por la cual Cristo distribuye las bendiciones del Calvario.

1294. ¿Es el sacrificio de la misa de valor infinito?
El sacrificio de la misa es de valor infinito, no menos que el de la cruz.

Apéndice C

DECLARACIONES AUTORITATIVAS DEL CATOLICISMO ROMANO SOBRE EL SACERDOCIO

Concilio de Trento

Sesión XXIII: Doctrina del sacramento del orden

Verdadera y católica doctrina del sacramento del orden, decretada y publicada por el santo Concilio de Trento en la Sesión VII, para condenar los errores de nuestro tiempo.

Capítulo I. De la institución del sacerdocio de la nueva ley

El sacrificio y el sacerdocio van unidos por disposición divina de tal modo, que siempre ha habido uno y otro en toda ley. Habiendo pues recibido la Iglesia católica, por institución del Señor, en el Nuevo Testamento, el santo y visible sacrificio de la eucaristía; es necesario confesar también, que hay en la Iglesia un sacerdocio nuevo, visible y externo, en que se mudó el antiguo. Y que el nuevo haya sido instituido por el mismo Señor y Salvador, y que el mismo Cristo haya también dado a los apóstoles y sus sucesores en el sacerdocio la potestad de consagrar, ofrecer y administrar su cuerpo y sangre, así como la de perdonar y retener los pecados; lo demuestran las sagradas letras, y siempre lo ha enseñado la tradición de la Iglesia católica.

CÁNONES DEL SACRAMENTO DEL ORDEN

Canon I. Si alguno dijere, que no hay en el Nuevo Testamento sacerdocio visible y externo; o que no hay potestad alguna de consagrar, y ofrecer el verdadero cuerpo y sangre del Señor, ni de perdonar o retener los pecados; sino solo el oficio, y mero ministerio de predicar el evangelio; o que los que no predican no son absolutamente sacerdotes; sea excomulgado.

Canon III. Si alguno dijere, que el orden, o la ordenación sagrada, no es propia y verdaderamente sacramento establecido por Cristo nuestro Señor; o que es una ficción humana inventada por personas ignorantes de las materias eclesiásticas; o que solo es cierto rito para elegir los ministros de la Palabra de Dios, y de los sacramentos; sea excomulgado.

Sesión XXII: Doctrina del sacrificio de la misa

Capítulo I. De la institución del sacrosanto sacrificio de la misa

Por cuanto bajo el Antiguo Testamento, como testifica el apóstol S. Pablo, no había consumación (o perfecta santidad), a causa de la debilidad del sacerdocio de Leví; fue conveniente, disponiéndolo así Dios, Padre de misericordias, que naciese otro sacerdote según el orden de Melquisedec, es a saber, nuestro Señor Jesucristo, que pudiese completar, y llevar a la perfección cuantas personas habían de ser santificadas. El mismo Dios, pues, y Señor nuestro, aunque se había de ofrecer a sí mismo a Dios Padre, una vez, por medio de la muerte en el ara de la cruz, para obrar desde ella la redención eterna; con todo, como su sacerdocio no había de terminar con su muerte; para dejar en la última cena de la noche misma en que era entregado, a su amada esposa la Iglesia un sacrificio visible, según requiere la condición de los hombres, en el que se representase el sacrificio cruento que por una vez se había de hacer en la cruz, y permaneciese su memoria hasta el fin del mundo, y se aplicase su saludable virtud a la remisión de los pecados que cotidianamente cometemos; al mismo tiempo que se declaró sacerdote según el orden de Melquisedec, constituido para toda la eternidad, ofreció a Dios Padre su cuerpo y su sangre bajo las especies de pan y vino, y lo dio a sus apóstoles, a quienes entonces constituía sacerdotes del Nuevo Testamento, para que lo recibiesen bajo los signos de aquellas mismas cosas, mandándoles, e igualmente a sus sucesores en el sacerdocio, que lo ofreciesen, por estas palabras: Haced esto en memoria mía; como siempre lo ha entendido y enseñado la Iglesia católica. Porque habiendo celebrado la antigua pascua, que la muchedumbre de los hijos de Israel sacrificaba en memoria de su salida de Egipto; se instituyó a sí mismo nueva pascua para ser sacrificada bajo signos visibles a nombre de la Iglesia por el ministerio de los sacerdotes, en memoria de su tránsito de este mundo al Padre, cuando derramando su sangre nos redimió, nos sacó del poder de las tinieblas y nos transfirió a su reino. Y esta es, por cierto, aquella oblación pura, que no se puede manchar por indignos y malos que sean los que la hacen; la misma que predijo Dios por Malaquías, que se había de ofrecer limpia en todo lugar a su nombre, que había de ser grande entre todas las gentes; y la misma cuyo significado libre de oscuridad resalta el apóstol S. Pablo, cuando dice escribiendo a los Corintios: Que no pueden ser partícipes de la mesa del Señor, los que están manchados con la participación de la mesa de los demonios; entendiéndose esta en una y otra parte como la mesa del altar. Esta es finalmente aquella que se figuraba en varias semejanzas de los sacrificios en los tiempos de la ley natural y de la escrita; pues incluye todos los bienes que aquellos significaban, como consumación y perfección de todos ellos.

CÁNONES DEL SACRIFICIO DE LA MISA

Canon II. Si alguno dijere, que en aquellas palabras: Haced esto en mi memoria, no instituyó Cristo sacerdotes a los apóstoles, o que no los ordenó para que ellos, y los demás sacerdotes ofreciesen su cuerpo y su sangre; sea excomulgado.

Documentos del Vaticano II

El mismo Señor que ha establecido ciertos ministros entre los fieles, para poder juntarlos en un solo cuerpo, donde «todos los miembros no tienen una sola función» (Ro. 12:4). Estos ministros en la sociedad de los fieles podrán, por el sagrado poder del orden de los fieles, ofrecer sacrificios y remitir pecados. Podrán realizar su oficio público a favor de los hombres en el nombre de Cristo (p. 534).

Los sacerdotes se escogen entre los hombres y están asignados a favor de los hombres en los asuntos que pertenecen a Dios, para poder ofrecer dones y sacrificios por los pecados...

Por su vocación y ordenación, los sacerdotes del Nuevo Testamento están apartados dentro del pueblo de Dios (p. 536).

Los sacerdotes cumplen su obra principal en el misterio del sacrificio de la eucaristía. En esto la obra de nuestra redención sigue siendo realizada (p. 560).

El principio primordial sobre el cual gira la enseñanza del Concilio es que el sacerdote es un hombre, sacado de las filas del Pueblo de Dios, para ser hecho, en lo profundo de su ser, igual a Cristo, el Sacerdote de la humanidad. Está consagrado por un sello especial del Espíritu Santo. A la luz de esta consagración, actúa en la persona de Cristo, y como ministro de Cristo, la Cabeza. Su llamado es para servir al pueblo de Dios. Por medio de él, Cristo continua y cumple la misión que él recibió del Padre (p. 527).

Por tanto, si bien presupone ciertamente los sacramentos de iniciación en la vida cristiana, el oficio de sacerdote se recibe por un sacramento especial. En esto los sacerdotes, ungidos por el Espíritu Santo, reciben la marca de un carácter especial y son hechos como Cristo, para que puedan actuar en la persona de Cristo, como Cabeza (p. 535).

El Código de Derecho Canónico

900. Solo el ministro que, en la persona de Cristo, puede realizar el sacramento de la eucaristía, es un sacerdote válidamente ordenado.

1008. Mediante el sacramento del orden, por institución divina, algunos de entre los fieles quedan constituidos ministros sagrados, al ser marcados con un carácter indeleble, y así son consagrados y destinados a apacentar al pueblo de Dios según el grado de cada uno, desempeñando, en la persona de Cristo como Cabeza, las funciones de enseñar, santificar y regir.

The Question and Answer Catholic Catechism (Catecismo católico de preguntas y respuestas)

1464. ¿Cuál es el sacramento del orden?

El orden es un sacramento de la nueva ley por el cual una parte de los poderes espirituales del ministerio de Cristo ese confiere junto con la gracia para cumplir de una manera digna las responsabilidades del oficio en la Iglesia.

1465. ¿Cuál es el fundamento para el sacramento?

El fundamento para el sacramento del orden es el ministerio sacerdotal de Cristo en la tierra. Se revela en el hecho de que él acogió a todos para que pudiesen aprender de sus enseñanzas, obtener su espíritu, recibir sus poderes y, de esta manera, seguir su obra de salvación hasta el final del tiempo.

1466. ¿Cuándo instituyó Cristo el sacramento del orden?

Cristo instituyó el sacramento del orden en la última cena. Después de consagrar el pan y el vino, transformándolos en su propio cuerpo y sangre, les dijo a los apóstoles, que debían «hacer esto en memoria de mí» (Lucas 22:19). Haciendo esto confirió a los apóstoles y sus sucesores el poder principal de este sacramento, es decir, consagrar y ofrecer su cuerpo y sangre en el sacrificio de la misa.

1488. ¿Cuál es el ministerio principal de un sacerdote?

El ministerio principal de un sacerdote es consagrar y ofrecer la santa eucaristía, y perdonar los pecados. En esto, los sacerdotes difieren de los diáconos, quienes no tienen el poder para consagrar la eucaristía, ofrecer la misa, o perdonar pecados por medio de la absolución sacramental.

Apéndice D

DECLARACIONES AUTORITATIVAS DEL CATOLICISMO ROMANO SOBRE LA CONFESIÓN Y LA PENITENCIA

Concilio de Trento

Sesión XIV: Los sacramentos de la penitencia y de la extremaunción

Capítulo I. De la necesidad e institución del sacramento de la penitencia

Si tuviesen todos los re-engendrados tanto agradecimiento a Dios, que constantemente conservasen la santidad que por su beneficio y gracia recibieron en el bautismo; no habría sido necesario que se hubiese instituido otro sacramento distinto de este, para lograr el perdón de los pecados.

Mas como Dios, abundante en su misericordia, conoció nuestra debilidad; estableció también remedio para la vida de aquellos que después se entregasen a la servidumbre del pecado, y al poder o esclavitud del demonio; es a saber, el sacramento de la penitencia, por cuyo medio se aplica a los que pecan después del bautismo el beneficio de la muerte de Cristo. Fue en efecto necesaria la penitencia en todos los tiempos para conseguir la gracia y justificación a todos los hombres que hubiesen incurrido en la mancha de algún pecado mortal, y aun a los que pretendiesen purificarse con el sacramento del bautismo; de suerte que abominando su maldad, y enmendándose de ella, detestasen tan grave ofensa de Dios, reuniendo el aborrecimiento del pecado con el piadoso dolor de su corazón.

Por esta causa dice el profeta: «Convertíos, y haced penitencia de todos vuestros pecados: y con esto no os arrastrará la iniquidad a vuestra perdición». También dijo el Señor: «Si no hiciereis penitencia, todos sin excepción pereceréis». Y el Príncipe de los apóstoles S. Pedro decía, recomendando la penitencia a los pecadores que habían de recibir el bautismo: «Haced penitencia, y recibid todos el bautismo». Es de advertir, que la penitencia no era sacramento antes de la venida de Cristo, ni tampoco lo es después de esta, respecto de ninguno que no haya sido bautizado. El Señor, pues, estableció principalmente el sacramento de la penitencia, cuando resucitado de entre los muertos sopló sobre sus discípulos, y les dijo: «Recibid el Espíritu Santo: los pecados de aquellos que perdonareis, les quedan perdonados; y quedan ligados los de aquellos que no perdonareis».

De este hecho tan notable, y de estas palabras tan claras y precisas, teniendo siempre el universal consentimiento de todos, que se concedió a los apóstoles, y a sus legítimos sucesores el poder de perdonar, y de retener los pecados al reconciliarse los fieles que han caído en ellos después del bautismo; y en consecuencia reprobó y condenó con mucha razón la Iglesia católica como herejes a los novacianos, que en los tiempos antiguos negaron pertinazmente el poder de perdonar los pecados. Y esta es la razón por que este santo Concilio, al mismo tiempo que aprueba y recibe este sentido muy verdadero de aquellas palabras del Señor, condena las interpretaciones imaginarias de los que falsamente las tuercen, y que son contrarios a la institución de este sacramento, no entendiéndolas como la potestad de predicar la Palabra de Dios, y de anunciar el evangelio de Jesucristo.

Capítulo III. De las partes y fruto de este sacramento

Además de esto, el santo Concilio enseña que la forma del sacramento de la penitencia, en la que principalmente consiste su eficacia, está encerrada en aquellas palabras del ministro: *Ego te absuelvo*, etc., a las que loablemente se añaden ciertas preces por costumbre de la santa Iglesia; mas de ningún modo miran estas a la esencia de la misma forma, ni tampoco son necesarias para la administración del mismo sacramento. Son empero, como su propia materia, los actos del mismo penitente; es a saber, la contrición, la confesión y la satisfacción; y por tanto, se llaman partes de la penitencia, por cuanto se requieren de institución divina en el penitente para la integridad del sacramento, y para el pleno y perfecto perdón de los pecados. Mas la obra y efecto de este sacramento, por lo que toca a su virtud y eficacia, es sin duda la reconciliación con Dios; a la que suele seguirse algunas veces en las personas piadosas, y que reciben con devoción este sacramento, la paz y serenidad de conciencia, así como un extraordinario consuelo de espíritu. Y enseñando cl santo Concilio esta doctrina sobre las partes y efectos de la penitencia, condena al mismo tiempo las sentencias de los que pretenden que los terrores que atormentan la conciencia y la fe sean partes de este sacramento.

Capítulo V. De la confesión

De la institución que queda explicada como sacramento de la penitencia, ha entendido siempre la Iglesia universal, que el Señor instituyó también la confesión entera de los pecados, y que es necesaria de derecho divino a todos los que han pecado después de haber recibido el bautismo; porque estando nuestro Señor Jesucristo por subir de la tierra al Cielo, dejó a los sacerdotes, sus vicarios como presidentes y jueces, a quienes se denunciasen todos los pecados mortales en que cayesen los fieles cristianos, para que con esto diesen, en virtud de la potestad de las llaves, la sentencia del perdón, o retención de los pecados.

Consta, pues, que los sacerdotes no han podido ejercer esta autoridad de jueces sin conocimiento de la causa, ni proceder tampoco con equidad en la imposición de las penas, si los penitentes solo les hubiesen declarado en general, y no en especie, e individualmente sus pecados. De esto se colige, que es necesario que los penitentes expongan en la confesión todas las culpas mortales de que se acuerdan, después de un diligente examen, aunque sean absolutamente ocultas, y solo cometidas contra los dos últimos preceptos del Decálogo; pues algunas veces dañan estas más gravemente al alma, y son más peligrosas que las que se han cometido externamente.

Respecto de las veniales, por las que no quedamos excluidos de la gracia de Dios, y en las que caemos con frecuencia; aunque se proceda bien, provechosamente y sin ninguna presunción, exponiéndolas en la confesión; lo que demuestra el uso de las personas piadosas; no obstante se pueden callar sin culpa, y perdonarse con otros muchos remedios. Mas como todos los pecados mortales, aun los de solo pensamiento, son los que hacen a los hombres hijos de ira, y enemigos de Dios; es necesario recurrir a Dios también por el perdón de todos ellos, confesándolos con distinción y arrepentimiento.

En consecuencia, cuando los fieles cristianos se esmeran en confesar todos los pecados de que se acuerdan, los proponen sin duda todos a la divina misericordia con el fin de que se los perdone. Los que no lo hacen así, y callan algunos a sabiendas, nada presentan que perdonar a la bondad divina por medio del sacerdote; porque si el enfermo tiene vergüenza de manifestar su enfermedad al médico, no puede curar la medicina lo que no conoce. Coligiese además de esto, que se deben explicar también en la confesión aquellas circunstancias que mudan la especie de los pecados; pues en ellas no pueden los penitentes exponer íntegramente los mismos pecados, ni tomar los jueces conocimiento de ellos; ni puede darse que lleguen a formar exacto juicio de su gravedad, ni a imponer a los penitentes la pena proporcionada a ellos. Por esta causa, es fuera de toda razón enseñar que han sido inventadas estas circunstancias por hombres ociosos, o que solo se ha de confesar una de ellas, es a saber, la de haber pecado contra su hermano. También es impiedad decir, que la confesión que se manda hacer en dichos términos, es imposible; así como llamarla potro de tormento de las conciencias; pues es constante que solo se pide en la Iglesia a los fieles, que después de haberse examinado cada uno con suma diligencia, y explorado todos los senos ocultos de su conciencia, confiese los pecados con que se acuerde haber ofendido mortalmente a su Dios y Señor; mas los restantes de que no se acuerda el que los examina con diligencia, se creen incluidos generalmente en la misma confesión. Por ellos es por los que pedimos confiados con el profeta: Purifícame, Señor, de mis pecados ocultos. Esta misma dificultad de la confesión mencionada, y la vergüenza de descubrir los pecados, podría por cierto parecer gravosa, si no se compensase con tantas y tan grandes utilidades y consuelos; como ciertísimamente logran con la absolución todos los que se acercan con la disposición debida a este sacramento.

Respecto de la confesión secreta, solo con el sacerdote, aunque Cristo no prohibió que alguien pudiese confesar públicamente sus pecados en satisfacción por ellos, y por su propia humillación, y tanto por el ejemplo que se da a otros como para la edificación de la Iglesia ofendida, sin embargo no hay precepto divino de esto; ni mandaría ninguna ley humana con bastante prudencia que se confesasen en público los delitos, en especial los secretos; de donde se sigue, que habiendo recomendado siempre los santísimos y antiquísimos Padres con grande y unánime consentimiento la confesión sacramental secreta que ha usado la santa Iglesia desde su establecimiento, y al presente también usa; se refuta con evidencia la fútil calumnia de los que se atreven a enseñar que no está mandada por precepto divino; que es invención humana; y que tuvo principio de los Padres congregados en el concilio de Letrán; pues es constante que no estableció la Iglesia en este concilio que se confesasen los fieles cristianos; estando perfectamente instruida de que la confesión era necesaria, y establecida por derecho divino; sino solo ordenó en él, que todos y cada uno cumpliesen el precepto de la confesión a lo menos una vez en el año, desde que llegasen al uso de la razón, por cuyo establecimiento se observa ya en toda la Iglesia, con mucho fruto de las almas fieles, la saludable costumbre de confesarse en el sagrado tiempo de Cuaresma, que es particularmente acepto a Dios; costumbre que este santo Concilio da por muy buena, y adopta como piadosa y digna de que se conserve.

Capítulo VI. Del ministro de este sacramento, y de la absolución

Respecto del ministro de este sacramento, declara el santo Concilio que son falsas y enteramente ajenas a la verdad evangélica todas las doctrinas que extienden perniciosamente el ministerio de las llaves a cualesquiera personas que no sean obispos ni sacerdotes, persuadiéndose que aquellas palabras del Señor: Todo lo que ligareis en la tierra, quedará también ligado en el cielo; y todo lo que desatareis en la tierra, quedará también desatado en el cielo; y aquellas: Los pecados de aquellos que perdonareis, les quedan perdonados, y quedan ligados los de aquellos que no perdonareis; se intimaron a todos los fieles cristianos tan promiscua e indiferentemente, que cualquiera, contra la institución de este sacramento, tenga poder de perdonar los pecados; los públicos por la corrección, si el corregido se conformase, y los secretos por la confesión voluntaria hecha a cualquier persona.

Enseña también, que aun los sacerdotes que están en pecado mortal, ejercen como ministros de Cristo la autoridad de perdonar los pecados, que se les confirió cuando los ordenaron, por virtud del Espíritu Santo; y que sienten erradamente los que pretenden que no tienen este poder los malos sacerdotes. Porque aunque sea comunicación de ajeno beneficio la absolución del sacerdote; sin embargo, no es solo un mero ministerio el de anunciar el evangelio, o declarar que los pecados están perdonados; sino que es un acto judicial, en el que el sacerdote pronuncia la sentencia como juez; y por esta causa, no debe tener el penitente tanta satisfacción de su propia fe, que aunque no tenga contrición alguna, o falte el sacerdote a la intención de obrar seriamente, y de absolverle en verdad, juzgue no obstante que queda verdaderamente absuelto en la presencia de Dios por su sola fe; pues ni esta le alcanzaría para perdón alguno de sus pecados sin la penitencia; ni habría alguno, a no ser en extremo descuido de su salvación, que conociendo que el sacerdote le absolvía por burla, no buscase con diligencia otro que obrase con seriedad.

Capítulo VIII. De la necesidad y fruto de la satisfacción

... declara el santo Concilio que es del todo falso y contrario a la palabra divina, afirmar que nunca perdona Dios la culpa sin que perdone al mismo tiempo toda la pena. Se hallan por cierto claros e ilustres ejemplos en la sagrada Escritura, con los que, además de la tradición divina, se refuta con suma evidencia aquél error. La conducta de la justicia divina parece que pide, sin género de duda, que Dios admita de diferente modo en su gracia a los que por ignorancia pecaron antes del bautismo, que a los que ya libres de la servidumbre del pecado y del demonio, y enriquecidos con el don del Espíritu Santo, no tuvieron horror de profanar con conocimiento el templo de Dios, ni de contristar al Espíritu Santo. Igualmente corresponde a la clemencia divina, que no se nos perdonen los pecados, sin que demos alguna satisfacción; no sea que tomando ocasión de esto, y persuadiéndonos que los pecados son más leves, procedamos como injuriosos, e insolentes contra el Espíritu Santo, y caigamos en otros muchos más graves, atesorándonos de este modo la indignación para el día de la ira. Apartan sin duda eficacísimamente del pecado, y sirven como de freno que sujeta, estas penas satisfactorias, haciendo a los penitentes más cautos y vigilantes para lo futuro.

Capítulo IX. De las obras satisfactorias

Enseña además el sagrado Concilio, que es tan grande la liberalidad de la divina beneficencia, que no solo podemos satisfacer a Dios Padre mediante la gracia de Jesucristo con las penitencias que voluntariamente emprendemos para satisfacer por el pecado, o con las que nos impone a su arbitrio el sacerdote con proporción al delito; sino también, lo que es grandísima prueba de su amor, con los castigos temporales que Dios nos envía y padecemos con resignación.

DOCTRINA SOBRE EL SACRAMENTO DE LA EXTREMAUNCIÓN

Canon VI. Si alguno negare, que la confesión sacramental está instituida, o es necesaria de derecho divino; o dijere, que el modo de confesar en secreto con el sacerdote que la Iglesia católica ha observado siempre desde su principio, y al presente observa, es ajeno de la institución y precepto de Jesucristo, y que es invención de los hombres; sea excomulgado.

Canon VII. Si alguno dijere, que no es necesario de derecho divino confesar en el sacramento de la penitencia, para alcanzar el perdón de los pecados, todas y cada una de las culpas mortales de que con debido y diligente examen se haga memoria, aunque sean ocultas, y cometidas contra los dos últimos preceptos del Decálogo; ni que es necesario confesar las circunstancias que mudan la especie del pecado; sino que esta confesión solo es útil para dirigir y consolar al penitente, y que antiguamente solo se observó para imponer penitencias canónicas; o finalmente, que no es lícito confesar los pecados veniales; sea excomulgado.

Canon IX. Si alguno dijere, que la absolución sacramental que da el sacerdote no es un acto judicial, sino un mero ministerio de pronunciar y declarar que los pecados se han perdonado al penitente, con la sola circunstancia de que crea que está absuelto; o el sacerdote le absuelva no seriamente, sino por burla; o dijere que no se requiere la confesión del penitente para que pueda el sacerdote absolver; sea excomulgado.

Canon XII. Si alguno dijere, que Dios perdona siempre toda la pena al mismo tiempo que la culpa, y que la satisfacción de los penitentes no es más que la fe con que aprehenden que Jesucristo tiene satisfecho por ellos; sea excomulgado.

Canon XIII. Si alguno dijere, que de ningún modo se satisface a Dios en virtud de los méritos de Jesucristo, a través de la pena temporal correspondiente a los pecados, o con los trabajos que el mismo nos envía y sufrimos con resignación, o con los que impone el sacerdote, ni aun con los que voluntariamente emprendemos, como son ayunos, oraciones, limosnas, u otras obras de piedad; y por tanto que la mejor penitencia es solo la vida nueva; sea excomulgado.

Canon XIV. Si alguno dijere, que las satisfacciones con que, mediante la gracia de Jesucristo, redimen los penitentes sus pecados, no son culto de Dios, sino tradiciones humanas, que obscurecen la doctrina de la gracia, el verdadero culto de Dios, y aun el beneficio de la muerte de Cristo; sea excomulgado.

Documentos del Vaticano II

Los que se acercan al sacramento de la penitencia reciben en la gracia de Dios el perdón por sus ofensas cometidas contra él (p. 28).

En el sacramento de la penitencia los pecadores son reconciliados con Dios y con la Iglesia (p. 541).

El Código de Derecho Canónico

Canon 959. En el sacramento de la penitencia, el fiel que confiesa sus pecados a un ministro autorizado, y se siente mal por esos pecados, y tiene un plan y propósito de remediar sus pecados, recibe de parte de Dios y por medio de la absolución dada por ese ministro, el perdón de los pecados cometidos después del bautismo. Al mismo tiempo, está reconciliado con la Iglesia, la cual por sus pecados ha herido.

Canon 960. La confesión individual e integral y la absolución constituyen la única manera ordinaria por la cual un miembro de los fieles, quien es consciente de un pecado grave, es reconciliado con Dios y con la Iglesia.

Canon 965. Tan solo un sacerdote es el ministro del sacramento de la penitencia.

Canon 966. Para que sea válida la absolución de los pecados, se requiere que, además del poder del orden, el ministro tenga la facultad de ejercer ese poder a favor del fiel, al cual le da la absolución.

Canon 696. Un sacerdote puede recibir esta facultad por la ley misma, o por una concesión dada por la autoridad reconocida.

The Question and Answer Catholic Catechism (Catecismo católico de preguntas y respuestas)

1318. ¿Qué es la penitencia?

La penitencia significa arrepentimiento o satisfacción por los pecados. También es una virtud, y uno de los sacramentos instituido por Dios.

1319. ¿Cuál es la virtud de la Penitencia?

La penitencia es una virtud sobrenatural que lleva a la persona a odiar sus pecados porque ha ofendido al amoroso Dios y merece su justo castigo. Es firme en resolver no volver a cometer estos pecados, y hacer lo que Dios requiere en cuanto a sus ofensas contra Dios.

1320. ¿Por qué se requiere la virtud de la penitencia?

La virtud de la penitencia es necesaria para que el pecador sea reconciliado con Dios. Si esperamos su perdón, debemos arrepentirnos. La penitencia es necesaria porque debemos propiciar y hacer que haya restitución por el castigo que merecemos por nuestros pecados. Esta es la razón por la cual Cristo nos dice: «Si no se arrepienten todos perecerán» (Lucas 13:5).

1321. ¿Qué es el sacramento de la penitencia?

La penitencia es el sacramento instituido por Cristo en el cual los pecadores son reconciliados con Dios por medio de la absolución de un sacerdote.

1322. ¿Por qué Cristo instituyó el sacramento de la penitencia?

Cristo instituyó este sacramento para darnos un medio eficiente y seguro para poder obtener el perdón de pecados cometidos después del bautismo.

1326. ¿Cuál es la esencia y la forma del sacramento de la penitencia?

La forma del sacramento son las palabras de absolución,

las cuales están expresadas verbalmente por un sacerdote autorizado. Esencial para que haya absolución son las palabras «Yo te absuelvo de tus pecados». La esencia del sacramento son los hechos requeridos del penitente, específicamente contrición, confesión y satisfacción.

1341. ¿Los pecados veniales pueden ser perdonados, aun cuando los pecados mortales no son perdonados?

Los pecados veniales no pueden ser perdonados si los pecados mortales no han sido remitidos. La persona tiene que estar en el estado de la gracia para merecer la misericordia divina por sus pecados veniales.

1368. ¿Por qué se necesita una confesión personal y específica?

Se requiere una confesión personal y específica (lo que se llama la confesión auricular) porque esto es lo que Cristo enseñó. Él les dio a sus apóstoles y sus sucesores el poder de perdonar los pecados, pero también de no perdonarlos, implicando así que los fieles tengan que decirles sus pecados para que el sacerdote pueda juzgar si deben o no deben ser absueltos.

1381. ¿Qué dice el sacerdote después de dar absolución?

Después de dar absolución, dice: «Da gracias al Señor, porque él es bueno». El penitente termina diciendo: «Su misericordia perdura para siempre». Antes de despedir al penitente el sacerdote recita una de varias oraciones. La más conocida es una plegaria para recibir misericordia divina: «Que la pasión de nuestro Señor Jesucristo, los méritos de la Bendita Virgen María y de todos los santos, y el bien que logras y el mal que evitas, sea la causa de la remisión de tus pecados, tu crecimiento en la gracia, y el premio de la vida eterna, Amen».

1382. ¿Por qué el sacerdote asigna una penitencia especial para expresar o hacer después de la confesión?

El sacerdote asigna esta penitencia como una satisfacción parcial por los pecados que fueron confesados y remitidos.

1386. ¿Por qué se necesita satisfacción por pecados ya perdonados?

La satisfacción se debe hacer por pecados ya perdonados porque normalmente algo de castigo, y en muchos casos, mucho castigo falta, aun cuando la culpa ha sido quitada.

1387. ¿Cómo sabemos cuándo un castigo temporal queda pendiente, aun cuando la culpa ha sido quitada?

Ha sido la constante enseñanza de la Iglesia que la culpa de pecados puede ser quitada, sin embargo, que existe un castigo temporal que queda pendiente. La doctrina se basa en la revelación divina, y es el fundamento de la totalidad de lo que es el sistema de disciplina penitencial de la Iglesia, inclusive la práctica de garantizar parcial o total indulgencia.

1389. ¿Cómo es expiatoria la satisfacción?

La satisfacción es expiatoria al compensar nuestra falta de amor a Dios, que es la causa fundamental del pecado, sufriendo voluntariamente para compensar la autoindulgencia, y padeciendo dolor como reparación por el daño o desorden causado por la comisión del pecado.

1390. ¿Cómo es correctiva la satisfacción?

La satisfacción es correctiva en el sentido de que, cuando uno merece la gracia de Dios para entender que no debe pecar, y luego Dios lo fortalece, deja de cometer los mismos pecados en el futuro.

1392. ¿Cómo podemos hacer satisfacción por nuestros pecados?

Hacemos satisfacción por nuestros pecados con cada buena obra que hacemos dentro del estado de la gracia, y especialmente por medio de las oraciones, la penitencia y la práctica de la caridad. Mientras toda oración merece satisfacción por pecados, esta es más eficaz cuando pedimos a Dios que tenga misericordia de nosotros y luego juntamos estas oraciones con abnegación. La penitencia por los pecados no es tan solo del cuerpo, como el ayuno o la abstinencia. También es espiritual, cosas como dejar de ser curiosos, evitando conversaciones, negándonos ciertos tipos de recreación. También es admisible la aceptación paciente de pruebas o humillaciones enviadas por Dios. Estas cosas resultan expiatorias. Finalmente la práctica de la caridad hacia los demás es una poderosa satisfacción por nuestra falta de caridad hacia Dios. «Sobre todo —nos dice—, nunca dejen que su amor para con los demás se vuelva hipócrita, puesto que el amor cubre muchos pecados» (I Pedro 4:8).

1394. ¿Qué es la satisfacción sacramental?

La satisfacción sacramental es la obra penitencial impuesta por el confesor dentro del confesorio, para rectificar el daño hecho a Dios y expiar por el castigo temporal que el pecado (ya perdonado) demanda. El penitente está obligado a cumplir la penitencia impuesta por el sacerdote, y cualquier fracaso intencional de no cumplir una penitencia impuesta por un pecado mortal es un grave pecado.

1395. ¿Qué es la satisfacción extrasacramental?

La satisfacción extrasacramental es cada forma de expiación ofrecida a Dios fuera del sacramento de la penitencia. Nuestras obras de satisfacción son meritorias si las hacen dentro del estado de la gracia y con un espíritu de penitencia.

1400. ¿Cómo podemos compensar nuestros pecados?

Compensamos nuestros pecados por medio de las tristezas y las pruebas de la vida, inclusive la pena de muerte, o por medio de los sufrimientos purificadores en la vida de ultratumba. Se puede expiar por pecados por medio de indulgencias.

1401. ¿Qué es una indulgencia?

Una indulgencia es la remisión de pecados por medio de los méritos de Cristo y su Iglesia en el castigo temporal que todavía demanda un pecado perdonado.

1402. ¿Cómo quitan las indulgencias el castigo temporal?

Las indulgencias quitan el castigo temporal a través del derecho de la Iglesia de aplicar los méritos de Cristo a sus miembros. El Salvador ganó las gracias de expiación para pecadores por medio de su pasión y su muerte. La Iglesia administra estos beneficios considerando las oraciones y las buenas obras logradas por los fieles.

Apéndice E

DECLARACIONES AUTORITATIVAS DEL CATOLICISMO ROMANO SOBRE LA EUCARISTÍA

Concilio de Trento

Sesión XIII. Decreto sobre el santísimo sacramento de la eucaristía

Capítulo I. De la presencia real de Jesucristo nuestro Señor en el santísimo sacramento de la eucaristía

En primer lugar, enseña el santo Concilio, y confiesa clara y sencillamente que, después de la consagración del pan y del vino, se contiene en el saludable sacramento de la santa eucaristía, verdadera, real y substancialmente nuestro Señor Jesucristo, verdadero Dios y hombre, verdaderamente, realmente y sustancialmente está presente.

Capítulo III. De la excelencia del santísimo sacramento de la eucaristía, respecto de los demás sacramentos

Y siempre ha subsistido en la Iglesia de Dios esta fe, de que inmediatamente después de la consagración, existe bajo las especies de pan y vino el verdadero cuerpo de nuestro Señor, y su verdadera sangre, juntamente con su alma y divinidad: el cuerpo por cierto bajo la especie de pan, y la sangre bajo la especie de vino, en virtud de las palabras; mas el mismo cuerpo bajo la especie de pan, y la sangre bajo la de vino, y el alma bajo las dos. Por esta causa, es ciertísimo que Cristo se contiene tanto bajo cada una de las dos especies, como bajo de ambas juntas; pues existe Cristo todo, y entero bajo las especies de pan, y bajo cualquier parte de esta especie: y todo también existe bajo la especie del vino y de sus partes.

Capítulo IV. De la transustanciación

Mas por cuanto dijo Jesucristo nuestro Redentor, que verdaderamente era su cuerpo lo que ofrecía bajo la especie de pan, ha creído por lo mismo perpetuamente la Iglesia de Dios, y lo mismo declara ahora de nuevo este mismo santo Concilio, que por la consagración del pan y del vino, se convierte toda la sustancia del pan en la sustancia del cuerpo de nuestro Señor Jesucristo, y toda la sustancia del vino en la sustancia de su sangre, cuya conversión ha llamado oportuna y propiamente transustanciación la santa Iglesia católica.

Capítulo V. Del culto y veneración que se debe dar a este santísimo sacramento

No queda, pues, motivo alguno de duda en que todos los fieles cristianos hayan de venerar este santísimo sacramento, y prestarle, según la costumbre siempre recibida en la Iglesia católica, el culto de latría que se debe al mismo Dios. Ni se le debe tributar menos adoración con el pretexto de que fue instituido por Cristo nuestro Señor para recibirlo; pues creemos que está presente en él aquel mismo Dios de quien el Padre Eterno, introduciéndole en el mundo, dice: Adórenle todos los Ángeles de Dios; el mismo a quien los Magos postrados adoraron; y quien finalmente, según el testimonio de la Escritura, fue adorado por los apóstoles en Galilea.

CÁNONES DEL SACROSANTO SACRAMENTO DE LA EUCARISTÍA

Canon I. Si alguno negare, que en el santísimo sacramento de la eucaristía se contiene verdadera, real y substancialmente el cuerpo y la sangre, juntamente con el alma y divinidad de nuestro Señor Jesucristo, y por consecuencia todo Cristo; sino por el contrario dijere, que solamente está en él como en señal o en figura, o virtualmente; sea excomulgado.

Canon II. Si alguno dijere, que en el sacrosanto sacramento de la eucaristía queda sustancia de pan y de vino juntamente con el cuerpo y sangre de nuestro Señor Jesucristo; y negare aquella admirable y singular conversión de toda la sustancia del pan en el cuerpo, y de toda la sustancia del vino en la sangre, permaneciendo solamente las especies de pan y vino; conversión que la Iglesia católica propiamente llama transustanciación; sea excomulgado.

Canon IV. Si alguno dijere, que hecha la consagración, no está el cuerpo y la sangre de nuestro Señor Jesucristo en el admirable sacramento de la eucaristía, sino solo en el uso, mientras que se recibe, pero no antes, ni después; y que no permanece el verdadero cuerpo del Señor en las hostias o partículas consagradas que se reservan, o quedan después de la comunión; sea excomulgado. Si alguno dijere, o que el principal fruto de la sacrosanta eucaristía es el perdón de los pecados, o que no provienen de ella otros efectos; sea excomulgado. Si alguno dijere, que en el santo sacramento de la eucaristía no se debe adorar a Cristo, hijo unigénito de Dios, con el culto de latría, ni aun con el externo; y que por lo mismo, ni se debe venerar con peculiar y festiva celebridad; ni ser conducido solemnemente en procesiones, según el loable y universal rito y costumbre de la santa Iglesia; o que no se debe exponer públicamente al pueblo para que le adore, y que los que le adoran son idólatras; sea excomulgado.

Canon VIII. Si alguno dijere, que Cristo, dado en la eucaristía, solo se recibe espiritualmente, y no sacramental y realmente; sea excomulgado.

Documentos del Vaticano II

Cristo está siempre presente en su Iglesia, especialmente en sus celebraciones litúrgicas. Él está presente en el sacrificio de la misa, no solo en la persona de su ministro; él mismo ofreciéndose ahora, mediante el ministerio de sacerdotes, a través de la actividad de la eucaristía (pp. 140-41).

En la última cena, en la noche en que fue traicionado, nuestro Salvador instituyó el sacrificio de la eucaristía con su Cuerpo y Sangre. Él hizo esto para perpetuar el sacrificio de la cruz a través de los siglos hasta que él vuelva (p. 154).

En la casa de oración, la más sagrada eucaristía se celebra y se preserva. Es ahí donde los fieles se reúnen, y hallan ayuda y consuelo mediante la presencia veneradora del Hijo de Dios nuestro Salvador, ofrecido por nosotros en el altar sacrificial (p. 543).

El Código de Derecho Canónico

Canon 897. El sacramento más augusto, en el que se contiene, se ofrece y se recibe al mismo Cristo nuestro Señor, es la santísima eucaristía, por la que la Iglesia vive y crece continuamente. El sacrificio eucarístico, memorial de la muerte y resurrección del Señor, en el cual se perpetúa a lo largo de los siglos el sacrificio de la cruz, es el culmen y la fuente de todo el culto y de toda la vida cristiana, por el que se significa y realiza la unidad del pueblo de Dios y se lleva a término la edificación del cuerpo de Cristo. Así pues, los demás sacramentos y todas las obras eclesiásticas de apostolado se unen estrechamente a la santísima eucaristía y a ella se ordenan.

Canon 898. Tributen los fieles la máxima veneración a la santísima eucaristía, tomando parte activa en la celebración del sacrificio augustísimo, recibiendo este sacramento frecuentemente y con mucha devoción, y dándole culto con suma adoración; los pastores de almas, al exponer la doctrina sobre este sacramento, inculquen diligentemente a los fieles esta obligación.

Canon 899. 1. La celebración eucarística es una acción de Cristo mismo y de la Iglesia, en la cual Cristo nuestro Señor, substancialmente presente bajo las especies del pan y del vino, por el ministerio del sacerdote, se ofrece a sí mismo a Dios Padre, y se da como alimento espiritual a los fieles unidos a su oblación.

Canon 904. Los sacerdotes, teniendo siempre presente que en el misterio del sacrificio eucarístico se realiza continuamente la obra de la redención, deben celebrarlo frecuentemente; es más, se recomienda encarecidamente la celebración diaria, la cual, aunque no pueda tenerse con asistencia de fieles, es una acción de Cristo y de la Iglesia, en cuya realización los sacerdotes cumplen su principal ministerio.

The Question and Answer Catholic Catechism (Catecismo católico de preguntas y respuestas)

1212. ¿Cuál es el centro de la totalidad de la liturgia católica?

El centro de la totalidad de la liturgia católica es la eucaristía. La eucaristía es lo más importante en la vida de la Iglesia porque representa a Jesucristo. Es su encarnación continuada en espacio y tiempo. Los otros sacramentos y todos los ministerios y cargos de la Iglesia son dirigidos hacia la eucaristía.

1214. ¿Cuál es el sacramento de la eucaristía?

La eucaristía es el sacramento que verdaderamente, en realidad y en sustancia, contiene el cuerpo y la sangre, el alma y la divinidad de nuestro Señor Jesucristo bajo la apariencia de pan y vino. Este es el gran sacramento del amor de Dios en el cual se come a Cristo, la mente se llena de gracia, y él nos promete la gloria futura.

1217. ¿Es la eucaristía necesaria para la salvación?

La eucarista es necesaria para la salvación, y se debe recibirla o como sacramento o como deseo. Las palabras de Cristo «Si no comen la carne del Hijo de Dios y beben su sangre, no tendrán la vida dentro de ustedes» (Juan 6:53) significan que la Santa Comunión es necesaria para sostener la vida de gracia en una persona que ha llegado a la edad de la razón.

1219. ¿Qué se contiene dentro de esta señal?

Después de la consagración, esta señal contiene la totalidad de Cristo, su cuerpo y sangre, su alma y divinidad.

1223. ¿Está presente tan solo la sustancia de la naturaleza humana de Cristo en la eucaristía?

Cristo está presente en la eucaristía no solo con todo lo que lo hace hombre, sino con todo lo que lo hace ser humano. Por ende, él está presente con todas sus características físicas, tanto manos como pies y cabeza y corazón humano. Él está presente con su alma humana, con sus pensamientos, deseos y aflicciones humanas.

1224. ¿Cómo llega a estar presente Cristo en la eucaristía?

Cristo llega a estar presente en la eucaristía por medio de la transustanciación. Transustanciación es el término que se usa para identificar el cambio que ocurre en el lugar de la consagración.

1225. ¿Qué pasa con el pan y el vino después de la consagración?

Después de la consagración, nada queda del pan y del vino excepto sus propiedades externas. Su sustancia se vuelve el cuerpo y la sangre viviente de Cristo.

1227. ¿Está presente Jesucristo en la eucaristía mientras permanezcan las especies?

Si, Jesucristo está presente en la eucaristía mientras permanecen las especies. Por tanto, nosotros adoramos el sacramento bendito como adoraríamos la mismísima persona de Jesús.

1228. ¿Por qué la eucaristía es el más excelente de todos los sacramentos?

La eucaristía es la más excelente de todos los sacramentos

porque contiene a Cristo mismo. Todos los otros sacramentos son canales de la gracia, pero no poseen a Jesucristo mismo, el Autor de la gracia.

1239. ¿Qué cambio acontece mientras el sacerdote pronuncia las palabras de la consagración en la misa?

Cuando el sacerdote pronuncia las palabras de la consagración, Jesucristo se hace presente en el altar en ese mismo instante. Percibimos la presencia de Cristo en la eucaristía tan solo por la fe.

1240. ¿Cómo se prueba el dogma de la Presencia Real?

El dogma de la Presencia Real se prueba por las Sagradas Escrituras, la Sagrada Tradición, y la enseñanza infalible de la Iglesia.

Apéndice F

DECLARACIONES AUTORITATIVAS DEL CATOLICISMO ROMANO SOBRE EL BAUTISMO

Concilio de Trento

Sesión V: Decreto sobre el pecado original

Canon III. Si alguno afirma que este pecado de Adán, que es uno en su origen, y transfundido en todos por la propagación, no por imitación, se hace propio de cada uno; se puede quitar por las fuerzas de la naturaleza humana, o por otro remedio que no sea el mérito de Jesucristo, Señor nuestro, único mediador, que nos reconcilió con Dios por medio de su pasión, hecho para nosotros justicia, santificación y redención; o niega que el mismo mérito de Jesucristo se aplica así a los adultos, como a los párvulos por medio del sacramento del bautismo, exactamente conferido según la forma de la Iglesia; sea excomulgado: porque no hay otro nombre dado a los hombres en la tierra, en que se pueda lograr la salvación. De aquí es aquella voz: Este es el Cordero de Dios; este es el que quita los pecados del mundo. Y también aquellas: Todos los que fuisteis bautizados, os revestisteis de Jesucristo.

Canon IV. Si alguno niega que los niños recién nacidos se hayan de bautizar, aunque sean hijos de padres bautizados; o dijera que se bautizan para que se les perdonen los pecados, pero que nada participan del pecado original de Adán, de que necesiten purificarse con el baño de la regeneración para conseguir la vida eterna; de donde es consiguiente que la forma del bautismo se entienda respecto de ellos como no verdadera, sino falsa en orden a la remisión de los pecados; sea excomulgado: pues estas palabras del apóstol: Por un hombre entró el pecado en el mundo, y por el pecado la muerte; y de este modo pasó la muerte a todos los hombres por aquel en quien todos pecaron; no deben entenderse en otro sentido sino en el que siempre las ha entendido la Iglesia católica difundida por todo el mundo. Y así por esta regla de fe, conforme a la tradición de los apóstoles, aun los párvulos que todavía no han podido cometer pecado alguno personal, reciben con toda verdad el bautismo en remisión de sus pecados; para que purifique la regeneración en ellos lo que contrajeron por la generación: Pues no puede entrar en el Reino de Dios, sino el que haya renacido del agua, y del Espíritu Santo.

Canon V. Si alguno niega que se perdona el reato del pecado original por la gracia de nuestro Señor Jesucristo a través del bautismo; o afirma que no se quita todo lo que es propio y verdaderamente pecado; sino dice, que este solamente se rae, o deja de imputarse; sea excomulgado.

Sesión 7: Sobre los sacramentos en general

Canon III. Si alguno dijere, que la Iglesia romana, madre y maestra de todas las iglesias, no tiene la verdadera doctrina sobre el sacramento del bautismo; sea excomulgado.

Canon V. Si alguno dijere, que el bautismo es arbitrario, esto es, no preciso para conseguir la salvación; sea excomulgado.

Documentos del Vaticano II

Por medio del sacramento del bautismo, cuando se confiere de una manera correcta como el Señor ha determinado y se recibe con la actitud correcta del alma, el que lo recibe se incorpora verdaderamente en el Cristo crucificado y glorificado y nace de nuevo para compartir la vida divina, como dice el apóstol: «Porque fueron sepultados juntos con él en el bautismo, y en él también resucitaron por la fe en la obra de Dios quien lo resucitó de entre los muertos» (Col. 2:12; véase Ro. 6:4).

Por esto, el bautismo se constituye en el lazo sacramental de la unidad, vinculando a todos los que han sido renacidos por medio de él (pp. 363-364).

Porque los sacerdotes son hermanos entre hermanos con todos los que han sido renacidos en el bautismo (p. 552).

Por esto, todos deben convertirse a él mientras es conocido en la enseñanza de la Iglesia. Todos deben ser incorporados en él por medio del bautismo y en la Iglesia la cual es su cuerpo. Porque Cristo mismo «en términos explícitos [...] afirmó la necesidad de fe y bautismo» (véase Marcos 16:16; Juan 3:5) y haciendo esto afirmó la necesidad de la Iglesia, porque igual como una persona entra por una puerta, por medio del bautismo uno entra en la Iglesia. Quien sea, entonces, que se rehúsa a entrar en la Iglesia o quedar en la Iglesia, sabiendo que la Iglesia católica fue hecha necesaria por Dios mediante Jesucristo, no podrá ser salvo.

El Código de Derecho Canónico

849. El bautismo, puerta de los sacramentos, cuya recepción de hecho o al menos de deseo es necesaria para la salvación, por el cual los hombres son liberados de los pecados, reengendrados como hijos de Dios e incorporados a la Iglesia, quedando configurados con Cristo por el carácter indeleble, se confiere válidamente solo mediante la ablución con agua verdadera acompañada de la debida forma verbal.

The Question and Answer Catholic Catechism (Catecismo católico de preguntas y respuestas)

1140. ¿Qué es el bautismo?

El bautismo es el sacramento de renacer espiritualmente. Por medio de la acción pública de lavamiento con agua y el uso de las palabras rituales apropiadas, la persona bautizada es lavada de todos sus pecados e incorporada en Cristo. Fue predicho en Ezequiel: «Esparciré sobre vosotros agua pura y seréis purificados. Os purificaré de todas vuestras impurezas e ídolos. Os daré un corazón nuevo y pondré un espíritu nuevo dentro de ustedes» (Ezequiel 36:25-26).

1151. ¿Cuáles son los efectos del bautismo?

Los efectos del bautismo son que la culpa del pecado es borrada y quitado todo castigo que el pecado merece. También es el de recibir la gracia de la regeneración y las virtudes impuestas, la incorporación en Cristo y en su Iglesia y recibir el carácter y el derecho de entrar en el Cielo.

1152. ¿Qué pecados quita el bautismo?

El bautismo remite la culpa de todos los pecados, es decir, quita todo pecado, sea el pecado original heredado de Adán en el momento de la concepción, o pecados cometidos por cada persona al llegar a la edad de la razón. No importa cuán frecuente sea, o cuán graves sean los pecados cometidos, la culpa en su totalidad es quitada en el bautismo. Todo esto es completamente un don de Dios, porque S. Pablo dice: «Fue por ninguna razón excepto su propia compasión por que él nos salvó, por medio del agua purificadora del nuevo nacimiento» (Tito 3:5).

1153. ¿Cuáles son las penas que quita el bautismo?

El bautismo quita toda pena, tanto eterna como temporal, vinculada al pecado original y a los pecados que uno comete.

1155. ¿Cuál es la gracia de la regeneración?

La gracia de la regeneración hace que la vida de la gracia que Cristo ganó para nosotros mediante su muerte y resurrección sea nuestra. Este es el nuevo nacimiento del cual Cristo le habló a Nicodemo (véase Juan 3:3) y la nueva creación descrita por S. Pablo (véase 2 Corintios 5:17).

1157. ¿Cómo es que el bautismo nos incorpora en Cristo?

Mediante el bautismo nos volvemos miembros del Cuerpo

Místico de Cristo, el cual es la Iglesia. Esta es la razón por la cual «mediante el sacramento del bautismo, cuando se hace en la forma que el Señor determinó y es recibido con la actitud correcta del alma, la persona se incorpora verdaderamente en el Cristo crucificado y glorificado, y nace de nuevo para compartir la vida divina, como dice el apóstol: "Porque fueron sepultados juntamente con él en el bautismo, y en él nacido de nuevo por medio de la fe en la obra de Dios quien lo resucitó de la muerte" (Romanos 6:4)». (Vaticano II, Decreto acerca del Ecumenismo, 22).

Apéndice G

DECLARACIONES AUTORITATIVAS DEL CATOLICISMO ROMANO SOBRE LA SALVACIÓN

Concilio de Trento

Sesión 6: Acerca de la justificación

Canon XXIV. Si alguno dijere, que la santidad recibida no se conserva, ni tampoco se aumenta en la presencia de Dios, por las buenas obras; sino que estas son únicamente frutos y señales de la justificación que se alcanzó, pero no causa de que se aumente; sea excomulgado.

Canon XXIX. Si alguno dijere, que el que peca después del bautismo no puede levantarse con la gracia de Dios; o que ciertamente puede, pero que recobra la santidad perdida con la sola fe, y sin el sacramento de la penitencia, contra lo que ha profesado, observado y enseñado hasta el presente la santa y universal Iglesia romana, instruida por nuestro Señor Jesucristo y sus apóstoles; sea excomulgado.

Canon XXX. Si alguno dijere, que recibida la gracia de la justificación, se le perdona a todo pecador arrepentido la culpa, y se le borra el reato de la pena eterna, que no le queda reato de pena alguna temporal que pagar, ni en este siglo, ni en el futuro en el Purgatorio, antes que se le pueda franquear la entrada en el Reino de los cielos; sea excomulgado.

Canon XXXII. Si alguno dijere, que las buenas obras del hombre justificado son dones de Dios, y que no son también méritos buenos del mismo justo; o que al estar justificado por las buenas obras que hace con la gracia de Dios, y méritos de Jesucristo, de quien es miembro vivo, no merece en realidad aumento de gracia, la vida eterna, ni la consecución de la gloria si muere en gracia, como ni tampoco el aumento de la gloria; sea excomulgado.

Sesión 7: Acerca de los sacramentos en general

Canon I. Si alguno dijere, que los sacramentos de la nueva ley no fueron todos instituidos por Jesucristo nuestro Señor; o que son más o menos de siete, a saber: bautismo, confirmación, eucaristía, penitencia, extremaunción, orden y matrimonio; o que alguno de estos siete no es sacramento con toda verdad, y propiedad; sea excomulgado.

Canon IV. Si alguno dijere, que los sacramentos de la nueva ley no son necesarios, sino superfluos para salvarse; y que los hombres sin ellos, o sin el deseo de ellos, alcanzan de Dios por sola fe, la gracia de la justificación; bien que no todos sean necesarios a cada particular; sea excomulgado.

Canon VIII. Si alguno dijere, que por los mismos sacramentos de la nueva ley no se confiere gracia ex opere operato, sino que basta la sola fe en las divinas promesas para conseguirla; sea excomulgado.

Documentos del Vaticano II

Este Sínodo sagrado enfoca su atención en primer lugar en los fieles católicos. Se basa en las sagradas Escrituras y la tradición, enseña que la Iglesia, en su peregrinaje por la tierra como exilio, es necesaria para la salvación. Porque Cristo, presente con nosotros en su cuerpo, el cual es la Iglesia, es el único Mediador y la única manera de obtener la salvación. En términos explícitos, él mismo afirmó la necesidad de la fe y del bautismo (véase Marcos 16:16; Juan 3:5), así también afirmó la necesidad de la Iglesia, porque al igual que uno entra por medio de una puerta, las personas entran en la Iglesia por medio de Cristo. Así que, cualquier persona que entiende que la Iglesia católica fue hecha necesaria por Dios mediante Jesucristo, se rehusase a entrar o dejase de seguirla, no puede ser salvo (pp. 32-33).

La misión de la Iglesia tiene que ver con la salvación de los seres humanos, la cual se logra creyendo en Cristo y por medio de su gracia. Así que los líderes de la Iglesia y todos sus miembros tienen el objetivo principalmente de manifestar el mensaje de Cristo al mundo. Esta obra se realiza principalmente por medio del ministerio de la Palabra y de los sacramentos, los cuales han sido encomendados de una forma especial a los clérigos (p. 496).

El Código de Derecho Canónico

Canon 849. El bautismo, puerta de los sacramentos, cuya recepción de hecho o al menos de deseo es necesaria para la salvación, por el cual los hombres son liberados de los pecados, reengendrados como hijos de Dios e incorporados a la Iglesia, quedando configurados con Cristo por el carácter indeleble, se confiere válidamente solo mediante la ablución con agua verdadera acompañada de la debida forma verbal.

The Question and Answer Catholic Catechism (Catecismo católico de preguntas y respuestas)

401. ¿Por qué Cristo estableció la Iglesia?

Cristo estableció la Iglesia para ser el sacramento universal de la salvación.

402. ¿Cómo es la Iglesia el sacramento universal de la salvación?

La Iglesia es el sacramento universal de la salvación como el medio instituido divinamente para conferir la gracia a todos los miembros de la familia humana.

403. ¿Cómo comunica la Iglesia la gracia divina a la humanidad?

La Iglesia comunica la gracia a la humanidad mediante su enseñanza de la verdad revelada, su celebración de la misa, y su administración de los sacramentos, sus oraciones y la práctica de la virtud por sus miembros, y su guía y gobierno de los fieles de acuerdo con la voluntad de Dios.

412. ¿Es la Iglesia necesaria para la salvación?

Sí, la Iglesia es necesaria para la salvación. Cristo mismo declaró que nadie puede ser salvo excepto por medio de la fe y el bautismo. Así que él afirmó la necesidad de la Iglesia, a la cual él encargó la totalidad de su revelación, y en la cual las personas entran, como si fuera una puerta, por el sacramento del bautismo. Las palabras de Cristo son claras: «El que cree y es bautizado será salvo, pero él que no cree será condenado» (Marcos 16:16).

413. ¿Para quiénes no hay salvación fuera de la Iglesia?

No hay salvación para los que, aun siendo incorporados en la Iglesia por medio del bautismo, dejan de perseverar en la gracia santificadora y mueren en el estado del pecado mortal. Tampoco son salvos los que, sabiendo lo que hacen, rehúsan ser bautizados y aceptar el medio de salvación de la Iglesia.

461. ¿Qué cree la Iglesia católica acerca del perdón de los pecados?

Ella cree que es la voluntad de Dios que nadie sea perdonado excepto por medio de los méritos de Jesucristo, y que estos méritos están canalizados únicamente por medio de la Iglesia que él fundó. Como consecuencia, la Iglesia es tanto el sacramento universal de la salvación como es el sacramento universal de la reconciliación.

462. ¿Cómo comunica la Iglesia los méritos de la misericordia de Cristo a los pecadores?

La Iglesia comunica la misericordia de Cristo a los pecadores mediante la misa, los sacramentos y todas las oraciones y buenas obras de los fieles.

463. ¿Cuál es el papel de la Iglesia en la reconciliación de los pecadores con Dios?

La Iglesia reconcilia a los pecadores con Dios principalmente mediante el ejercicio de las misericordias de Dios, mediante los sacramentos que él ha instituido.

1119. ¿Los sacramentos son necesarios para la salvación?

Según la manera como Dios quiso que seamos salvos, los sacramentos son necesarios para la salvación.

492. ¿Es la fe en lo que Dios ha revelado suficiente para la salvación?

No, debemos también guardar sus mandamientos. Como Cristo mismo nos dijo: «Si quieres entrar en la vida, guarda los mandamientos» (Mateo 19:17).

493. ¿Cómo guardamos los mandamientos de Dios?

Guardamos los mandamientos de Dios viviendo una vida buena y moral.

Notas

[1] Una lista de las fuentes autoritativas empleadas puede encontrarse en el Apéndice A.

[2] Todas las referencias bíblicas del documento han sido tomadas textualmente de la Versión Reina-Valera 1960.

[3] Una lista de las declaraciones autoritativas de la Iglesia católica romana con relación a la misa puede encontrarse en el Apéndice B.

[4] Una lista de las declaraciones autoritativas de las enseñanzas católicas romanas sobre el sacerdocio puede encontrarse en el Apéndice C.

[5] Véanse Cánones al principio de este capítulo y el Apéndice C.

[6] Una lista de las declaraciones autoritativas del catolicismo romano sobre la confesión y la penitencia puede encontrarse en el Apéndice D.

[7] En el Apéndice E se encuentra una lista de las declaraciones autoritativas de las enseñanzas católicas romanas.

[8] Se puede encontrar una lista de las declaraciones autoritativas de las enseñanzas católicas romanas sobre el bautismo en el Apéndice F.

[9] Una lista de declaraciones autoritativas de las enseñanzas católicas romanas sobre la salvación se puede encontrar en el Apéndice G.